DURCH STARTEN

DEIN ÜBUNGSBUCH

DEUTSCH

FÜR DIE 8. SCHULSTUFE
LEHRPLAN 4. KLASSE HS/AHS/NMS

Verfasser: Leopold Eibl

Diesem Buch ist ein Lösungsheft zu den Übungen beigelegt.

Entspricht der Rechtschreibreform 2006

Bibliografische Information der Deutschen Bibliothek
Die Deutsche Bibliothek verzeichnet diese Publikation in der Deutschen Nationalbibliografie; detaillierte bibliografische Daten sind im Internet über http://dnb.ddb.de abrufbar.

Lektorat: Klaus Kopinitsch
Illustrationen: Helmut »Dino« Breneis
Grafische Gestaltung: Ingrid Zuckerstätter
Satz: satz@wolkerstorfer.at
Herstellung: Julia Bamberger
Gedruckt in Österreich auf umweltfreundlich hergestelltem Papier

4. Auflage 2011
ISBN 978-3-7058-6843-4

INHALT

RECHTSCHREIBEN

GRAMMATIK

EMPFEHLUNGEN ZUR HANDHABUNG
von
DURCHSTARTEN DEUTSCH – DEIN ÜBUNGSBUCH

1 Übung = 1 Buchseite

Bearbeite an einem Tag nur **eine** Übung, diese dafür aber mit voller Konzentration!

Kontrolliere jede Übung mit dem Lösungsheft. Bestimme die Anzahl der richtigen Lösungen und rechne dir den Prozentwert aus!

Die errechnete Prozentzahl bedeutet für dich:

95 bis 100 %	Spitze! Toll! Megacool!
90 bis 94 %	Eine sehr gute Leistung!
85 bis 89 %	Recht gut!
80 bis 84 %	Du kannst noch zufrieden sein!
75 bis 79 %	Es reicht noch!
Unter 75 %	Möglicherweise brauchst du neben weiteren Übungen **ausführlichere Erklärungen**. Beides findest du im neuen DURCHSTARTEN DEUTSCH, 8. Schulstufe.

Trage Fehlerwörter in die Liste ab Seite 116 ein. Du solltest sie gelegentlich üben.

Bearbeite alle Aufgaben mit einem Bleistift, du kannst leichter korrigieren!

Übe regelmäßig, zB 2 Übungsblätter pro Woche!

Viel Spaß auf deinem Weg zu einem Rechtschreib- und Grammatik-Senkrecht-Durchstarter!

1 Einfache und doppelte Konsonaten, ck und tz

Setze in diesem Lückentext die fehlenden Konsonanten ein.

Der Wald hat viele Nu___er. Für den Schwa___erlsucher ist er ein wichtiger Erholungsraum. Wald ist wegen der Hol___nu___ung und der Jagd ein bedeutender Wirtscha___tsraum. Zu erwähnen ist auch noch seine Schu___fun___tion als Ba___wald. Er stabilisiert die Schneede___e, speichert Trin___wa___er und versorgt uns mit sauersto___reicher Lu___t.

Aus diesen unterschiedlichsten Inte___e___en ergeben sich Konfli___te. Diese werden in unserer Gese___schaft durch Gese___e entschärft.

Im Öste___eichischen Forstgese___ steht, da___ sich jederma___ im Wald zu Erholungszwe___en aufhalten darf. Jungku___turen, die niedriger als drei Meter sind, dürfen genere___ nicht betreten werden. Der Schwa___erljäger darf nur für den Eigenbedarf Pil___e sa___eln, we___ der Waldbesi___er sich die „kleine Waldnu___ung“ nicht ausni___t.

Laut Statisti___ gab es im Jahre 2002 nur 65 Übertretungen gegen das Forstgese___. Als Ga___t so___en wir uns auf jeden Fa___ rü___sichtsvo___ gegenüber der Natur, dem Besi___er und den anderen Nu___ern verhalten.

Im Wald lauern auch verste___te Gefahren. So können Ze___en die FSME übertragen, aber auch stechende Inse___ten können einen a___ergischen Scho___ auslösen.

Auch Gewi___er sind im Wald nicht ungefährlich. We___ dich im Wald Bli___ und Do___er übe___aschen, verla___e sofort exponierte Ste___en.

Kontrolle und Ergebnis

Von den 53 Eintragungen sind ___ richtig. Multipliziere die Zahl der richtigen Eintragungen mit 1,9.

Das ergibt ___ %.

2 s – ss – ß

Setze im Lückentext die fehlenden Konsonanten ein.

Jeder von uns wei___, da___ die Sonne als Energiespender allen ko___tenlo___ zur Verfügung steht. Viele Kongre___e haben sich schon mit Energie aus Sonne, Wind und Bioma___e beschäftigt. Die jährliche Bio-Me___e zeigt den Besuchern die be___ere Ausnutzung der alternativen Energieträger. Gegner der Alternativenergien verwei___en immer wieder da___ sich Inve___titionen in die___e erneuerbaren Energien nicht rechnen. Jede Ölprei___erhöhung heizt die Di___ku___ion über prei___werte Alternativen an. Die Erdölwirtschaft hat wenig Intere___e an einer Förderung von Biosprit oder Biostrom. Sie setzt weiter auf fo___ile Brennstoffe. Vertreter meinen, da___ Erdga___ aus Ru___land, Erdöl aus dem Nahen O___ten oder Stromimporte auch in Zukunft unsere Energieversorgung sichern. Da___ Atomkraftwerke eine gro___e Gefahr für Mensch und Umwelt darstellen, wei___ man späte___tens seit der Kata___trophe von Tschernobyl. In dem Bewu___tsein, da___ es in Österreich keinen Atomstrom gibt, könnte man sich gela___en zurücklehnen. Angeblich wird aber auch Atomstrom importiert, soda___ de___halb auch der Kunde in Österreich ungewollt Atomstrom kaufen mu___. Doch späte___tens bi___ alle Re___ourcen aufgebraucht sind, werden auch die Befürworter herkömmlicher Energieformen ein Zugeständni___ an die Ökoenergie machen mü___en.

Kontrolle und Ergebnis

Von den 38 Eintragungen sind ___ richtig. Multipliziere die Zahl der richtigen Eintragungen mit 2,6.

Das ergibt ___ %.

3 Dehnungen

Setze die fehlenden Buchstaben ein.

Die J___reszeiten entst___en durch die Dr___ung der Erde um die Sonne. Die Erdb___n ist um 23,5 Gr___d geneigt. Durch d___se sch___fe Ebene wird im Laufe eines J___res die Erdk___gel untersch___dlich bestr___lt. Im Herbst und Fr___ling werden die Nord- und S___dhalbkugel gleich ausgeleuchtet. Die Sonne st___t am Äqu___tor im Zenit. Die beiden P___lkappen werden ger___de noch besch___nen. Die T___ge und Nächte sind gleich lang. Schn___glöckchen zeigen sich schon im sp___teren Winter als Vorb___ten des lang ers___nten Fr___j___res. Alle s___nen sich nach der Wärme, sp___ren den herann___enden Fr___ling und bestaunen die ersten Bl___ten. Bald k___ren die Z___gvögel zurück. Überall in der Nat___r kann man das fr___liche Vogelgezwitscher h___ren. Die Sonne steigt von Tag zu Tag h___er. Sie erreicht ___ren H___chststand am 21. Juni. Der Sommeranfang wird geb___rend gefeiert. Sonnwendfeuer l___dern landauf und landab. Nun beginnt auch die ___rlaubszeit. Viele Städter fl___en vor der Hitze und Schw___le ans M___r. Doch viel zu schnell muss man Absch___d vom Sommer n___men. Der Sp___tsommer z___t ins Land und lädt zum Wandern in die alp___nen Z___nen ein. Doch bald künden Nebelschw___den, Nachtfröste und ork___nartige Stürme den n___enden Winter an.

Kontrolle und Ergebnis

Von den 53 Eintragungen sind ___ richtig. Multipliziere die Zahl der richtigen Eintragungen mit 1,9.

Das ergibt ___ %.

4 i – ih – ie – ieh

Setze die fehlenden Vokale ein.

Man L____st in der Zeitung und s____t im TV manch Wissenswertes über die Haltung von Haust____ren und von Nutzv____. Bel____bte Haust____re sind zum Beisp____l Hunde, Katzen, aber auch Kan____nchen. Seltener, und das trotz des W____derstandes der M____ter, werden Krokod____le und andere Rept____lien in den Wohnungen gehalten. Eine R____senechse in der Badewanne ist schl____ßlich nicht jedermanns Sache. Das Aufz____en eines T____gers im Wohnzimmer w____derspricht der Hausordnung und stört den Hausfr____den. Nicht alle Hausherren machen zu den L____blingen der M____ter eine gute M____ne. Manche verb____ten die T____rhaltung in den Wohnungen, manche gestatten d____se bis auf W____derruf. Haust____re führen auch h____ und da zu einer Kr____se in den nachbarschaftlichen Bez____ungen. Sind beide Seiten unnachg____big, braucht man einen Sch____dsrichter, mitunter g____bt es auch ein W____dersehen vor dem Richter. Keine Probleme machen dagegen Z____rfische in einem Aquar____um oder Vögel mit ____rem bunten Gef____der. Die Haltung von Vögeln in Käf____gen wird w____derum von T____rschützern kritis____rt. Wer sich für einen V____rbeiner entschl____ßt, muss auch für das entsprechende Quart____r und für die mediz____nische Betreuung sorgen. Weiters ist zu bedenken, dass Haust____re nicht den Kindern als Sp____lzeug d____nen sollten.

Kontrolle und Ergebnis

Von den 48 Eintragungen sind ____ richtig. Multipliziere die Zahl der richtigen Eintragungen mit 2,1.

Das ergibt ____ %.

5 e – ä, eh – äh, eu – äu, ei – ai

Setze die fehlenden Vokale, Umlaute und Zwielaute ein.

Oft vergl___cht man die r___zvolle Wachau mit dem Rh___ntal zwischen M___nz und Koblenz. B___de Stromt___ler schl___ngeln sich durch Berg-L___nder und s___en sich in ihrem ___ßeren Ersch___nungsbild s___r ___nlich. Die W___nr___ben sind das Markenz___chen b___der T___ler. Der W___nbau ist nicht nur die ___xist___nzgrundlage vieler M___nschen, sondern lockt auch unz___lige G___ste aus nah und f___rn an. Das Bewirtschaften der st___len H___nge war s___t ___ und j___ ___ßerst anstr___ngend. Die Winzer mussten schon immer die ___rmel aufkr___mpeln, um die Weing___rten zu bearbeiten. Der Lohn der Arb___t ist ein ausge-z___chnetes Tröpfchen, das in den b___sten H___sern kred___nzt wird. An b___den Ufern s___men malerische St___dtchen den Strom. Alte Geb___de und enge G___sschen pr___gen die Ortsk___rne. Im Wonnemonat M___ beginnt die R___sez___t für unz___lige Touristen. Hotels, G___steh___ser und Privatquartiere beh___rb___rgen in- und aus-L___ndische Touristen. Sie besuchen nicht nur die H___rigenlokale und W___n-sch___nken, sondern besichtigen auch die Kulturd___nkm___ler wie Burgen, Ruinen oder W___rkirchen. Wegen der vertr___mten Landschaft sind die Stromt___ler oftmals Dr___orte für H___matfilme und liefern den Hintergrund für H___matsagen. Unverg___sslich bl___bt die Sage vom Lorel___f___lsen oder vom S___nger Blondl.

Kontrolle und Ergebnis

Von den 72 Eintragungen sind ___ richtig. Multipliziere die Zahl der richtigen Eintragungen mit 1,4.

Das ergibt ___ %.

6 d – t, b – p, g – k

Setze die fehlenden Konsonanten ein.

Ex___losivlau___e berei___en beim Schrei___en ___ro___leme. Sie ___önnen stimmhaf___ gesprochen und als b im Wort ___*rot*, als d im Wort ___*rehen* und als g im Wort ___*ehen* geschrie___en wer___en. An___ersei___s wer___en sie stimmlos gesprochen und als p im Wort ___*ickig*, als t im Wort ___*rüb* oder als k im Wort ___*ühl* verschrif___e___ . Stehen diese Lau___e zwischen zwei Vo___alen, hör___ man den Un___erschie___ zwischen den stimmlosen und den stimmhaf___en ___onsonan___en ___eu___lich. Am Wor___anfan___ und am Wor___en___e ist eine En___schei___ung schwieri___. Durch das Verlän___ern des Wor___es ___anns___ du dir am Wor___en___e helfen: *trü___* → *trü___er*, *Hem___* → *Hem___en*, *Zwer___* → *Zwer___e*. Bei Unsicherhei___en am Anfan___ des Wor___es ___ro___iere das Wor___ mi___ der gegensätzlichen Ar___ikulation: *Kante* oder *Gante*, *Boden* oder *Poden*, *Dackel* oder *Tackel*. Du ___arfst ruhi___ die Aussprache über___reiben. In manchen Fällen nützt auch die ___eu___lichste Arti___ulation nichts, zum ___eispiel bei ___*e*___*ek*___*iv*. Diese gefährlichen Stellen muss man sich ein___rägen. Mit der un___erschie___lichen Aussprache und Schrei___ung verän___ert sich mitun___er die Wortbe___eu___ung. So kann man an ___*ott* ___*lauben*, aber auch ___*ar*___*offel* ___*lauben*. Man lieg___ mit ___*rippe* im ___ett, aber das Jesukin___ la___ in der ___*rippe*.

170

Kontrolle und Ergebnis

Von den 87 Eintragungen sind ______ richtig. Multipliziere die Zahl der richtigen Eintragungen mit 1,1.

Das ergibt ______ %.

7 gs – ks – cks – chs – x

Setze die fehlenden Konsonanten ein.

„Rechtschreiben ist keine He___erei!“, behaupten die einen. „Rechtschreiben ist eine verfli___te Sache!“, meinen fu___teufelswild die anderen. Allerdin___ muss man feststellen, dass auch für erwa___ene Menschen das Rechtschreiben eine ~~Mur___erei~~ Qual ist. Län___t wäre eine gründliche Rechtschreibreform fällig, die die Pra___is des Schreibens wir___am erleichtert. Würde man zum Beispiel für den ks-Laut nur das Schriftzeichen x verwenden, dann müssten wir *lin___* als *linx* oder den *Tintenkle___* als *Tintenklex* schreiben. Aus *rin___um* würde *rinxum*, aus der *Eide___e* eine *Eidexe* und aus den *Weihnachtske___en* würden die *Weihnachtskexe*. Der *Bü___enmacher* wäre der *Büxenmacher* und die *We___elstube* die *Wexelstube*. Nicht verändern würden sich der *Ta___ifahrer*, das *Mi___getränk* oder der *E___port*. Wie aber müsste man den *Bu___baum* schreiben? Für den Schreiber wäre vielleicht eine Fi___ierung auf nur ein Schriftzeichen eine Erleichterung, das Lesen eines Te___tes würde allerdin___ erschwert. Im Wort *Lin___außen*, geschrieben als *Linxaußen*, würde man nicht gleich erkennen, dass es sich um den linken Flügelstürmer handelt. Eine *Se___tagewoche* könnte man nicht mehr von einem *Se___attentat* unterscheiden. Wer also blindlin___ solche Vereinfachungen fordert, muss sich klar sein, dass er schnurstra___ ein anderes Problem eröffnet.

Kontrolle und Ergebnis

Von den 28 Eintragungen sind ___ richtig. Multipliziere die Zahl der richtigen Eintragungen mit 3,6.

Das ergibt ___ %.

8 f oder v

Setze die fehlenden Konsonanten ein.

Es lebten einmal ein schlauer ___uchs und ein böser Wol___. Eines Tages tra___en sie sich au___ einer ___iehweide. Eine Stute graste ___riedlich mit ihrem ___ohlen. ___oll Übermut und ___reude sprang das Junge um die Mutter. Einmal tanzte es au___ den Hinter___üßen, einmal au___ den ___order___üßen. Es ent___ernte sich aber nicht zu weit ___on der Stute. Dem Wol___ lie___ ___or Gier das Wasser im Mund zusammen. Er ___orderte den ___uchs au___: „___rag doch die Stute, welchen Preis sie ___ür das ___ohlen ___ordert.“ ___orsichtig näherte sich der ___uchs ___on ___orne den beiden Tieren. „Wie ___iel ___orderst du ___ür dein ___ohlen?“, ___ragte er ___erlegen. „Unten au___ meinem Hinterhu___ steht die ___orderung“, antwortete die Stute. Der ___uchs lie___ zum Wol___ und überbrachte ihm die Auskun___t. Der Wol___ war___ dem ___uchs ___or, warum er die Nachricht nicht gelesen habe. Dem ___uchs ___iel gleich eine gute Ausrede ein. Er meinte, dass Lesen ___iel zu anstrengend sei, und schlich sich ___ort. Der Wol___ war aber ___est entschlossen, die ___orderung zu lesen und das ___ohlen zu ___ressen. Die Stute er___üllte seinen Wunsch. Sie hob den Hu___, der ___risch beschlagen war. Als sich der Wol___ bückte, ___ersetzte ihm die Stute einen gezielten Schlag. Der Wol___ ___iel zu Boden, Stute und ___ohlen ent___ernten sich zu___rieden.

Kontrolle und Ergebnis

Von den 66 Eintragungen sind ______ richtig. Multipliziere die Zahl der richtigen Eintragungen mit 1,5.

Das ergibt ______ %.

9 Groß- und Kleinschreibung

Setze die fehlenden Anfangsbuchstaben ein. Am Zeilenende findest du jeweils die richtigen Buchstaben. Ob sie groß- oder kleingeschrieben werden, musst du selbst entscheiden.

___iele ___enschen ___lauben, ___ass ___er ___ond ___as ___etter ___eeinflusst. (v, m, g, d, d, m, d, w, b)
___ür ___iese ___einung ___ibt ___s ___ine ___infache ___rklärung: ___ei ___larem (f, d, m, g, e, e, e, e, b, k)
___immel ___ann ___an ___en ___ollmond ___ehen. ___aher ___ilt ___er ___ollmond (h, k, m, d, v, s, d, g, d, v)
___ls ___chönwetterbote. ___n ___ahrheit ___eichen ___ie ___räfte ___es ___ondes (a, s, i, w, r, d, k, d, m)
___icht ___us, ___as ___ettergeschehen ___itzugestalten. (n, a, d, w, m)
___uch ___röschen ___nd ___röten ___chreibt ___an ___ie ___ähigkeit ___u, ___chlechtes (a, f, u, k, s, m, d, f, z, s)
___etter ___orher ___u ___püren. ___och ___uch ___ier ___ann ___ie ___issenschaft (w, v, z, s, d, a, h, k, d, w)
___einen ___eweis ___iefern. (k, b, l)
___m ___ittelalter ___urden ___ie ___etterhexen ___ür ___nwetter ___erantwortlich (i, m, w, d, w, f, u, v)
___emacht. ___egen ___hrer ___auberkräfte ___andeten ___chuldlose ___uf ___em (g, w, i, z, l, s, a, d)
___cheiterhaufen. ___och ___eute ___oll ___egen ___nwetter ___as ___äuten ___er (s, n, h, s, g, u, d, l, d)
___irchenglocken ___der ___as ___nrufen ___ines ___etterpatrons ___chützen. (k, o, d, a, e, w, s)
___urch ___as ___eobachten ___es ___etters ___ntstanden ___etterregeln, ___ie (d, d, b, d, w, e, w, d)
___on ___eneration ___u ___eneration ___berliefert ___urden. (v, g, z, g, ü, w)
___olche ___egeln ___tützen ___ich ___uf ___angjährige ___aturbeobachtungen (s, r, s, s, a, l, n)
___nd ___aben ___eist ___inen ___ahren ___ern, ___ie ___um ___eispiel: (u, h, m, e, w, k, w, z, b)
„___enn's ___u ___ichtmess ___türmt ___nd ___chneit, ___st ___as ___rühjahr (w, z, l, s, u, s, i, d, f)
___icht ___ehr ___eit." ___ichtmess ___st ___m 2. ___ebruar. ___enn ___is (n, m, w, l, i, a, f, w, b)
___ahin ___ochwinter ___errscht, ___st ___ie ___mstellung ___uf ___armes (d, h, h, i, d, u, a, w)
___rühlingswetter ___ahrscheinlich. (f, w)

Kontrolle und Ergebnis

Von den 156 Eintragungen sind ______ richtig. Multipliziere die Zahl der richtigen Eintragungen mit 0,64. Das ergibt ______ %.

10 Die höfliche Anrede mit „Sie"

Setze die fehlenden Anfangsbuchstaben ein.

Lieber Urlaubsgast!

Wir gratulieren ___hnen zu ___hrer Entscheidung, ___hren Winterurlaub in unserem weltbekannten Schiort zu verbringen. Wir sind bemüht, ___ie auf allen Gebieten zu verwöhnen. So haben wir für ___ie eine Gästekarte vorbereitet, mit der ___ie viele Einrichtungen gratis oder stark ermäßigt nutzen können. In ___hrem Quartier kann ___ie angefordert werden. Wir möchten höflich hinweisen, dass mit ___hr auch ein Schipass für eine Woche Liftbenützung billiger erworben werden kann. Ohne ___ie sollten ___ie nie in unserem Ort unterwegs sein. Wollen ___ie ins Erlebnishallenbad gehen, so ist der Eintritt mit ___hr für ___ie gratis. Selbstverständlich können auch ___hre Kinder diesen Vorteil nutzen. Zusätzlich haben wir für ___hre Kleinsten eine Krabbelstube eingerichtet. Dort werden ___ie von einem pädagogisch geschulten Personal betreut, und ___ie, verehrter Wintergast, können in dieser Zeit sorgenfrei Schi fahren. Zum Schluss noch eine Information zu unseren Pisten. Wir pflegen ___ie täglich, sodass ___ie wie auf frischem Pulverschnee ins Tal wedeln werden. Weitere Informationen erhalten ___ie direkt in unserem Tourismusbüro, wo ___hnen unser fachkundiges Personal rund um die Uhr zur Verfügung steht. Fühlen ___ie sich wie zu Hause und empfehlen ___ie uns bitte weiter.

___hr Tourismusteam

Kontrolle und Ergebnis

Von den 25 Eintragungen sind ______ richtig. Multipliziere die Zahl der richtigen Eintragungen mit 4.

Das ergibt ______ %.

11 Doppelungen, ck und tz

In diesem Text sind etliche Rechtschreibfehler. Betätige dich als gewissenhafter Korrekturleser.

Tipp 1: Lies halblaut und fahre gleichzeitig mit der Bleistiftspitze mit.
Tipp 2: Konzentriere dich nicht nur auf besondere Stellen im Wort, zB Doppelungen, tz, ck. Der Fehler passiert gelegentlich an einer harmlosen Stelle.

Der Wald hatt viele Nutzer. Für den Schammerlsucher ist er ein wichtige Erhohlungsraum. Wald ist wegen der Holznutzung und der Jagt ein bedeutender Wirtschaftraum. Zu erwehnen ist auch noch seine Schutzfunkzion als Bahnwald. Er stabilisiert die Schneedecke, speichert Tinkwasser und versorgt uns mit Sauerstoffreicher Lufft.

Aus diesen unterschiedlichsten Interressen ergeben sich Konflikte. Diese werden in unserer Gesellschaft durch Gesetze entschäft.

Im Östereichischen Forstgesetz steht, dass sich jederman im Wald zu Erholungszwecke aufhalten darf. Jungkulturen, die niedriger als drei Meter sind, dürfen gennerell nicht betreten werden. Der Schwammerljeger darf nur für den Eigenbedarf Pilze sammeln, wen der Waldbesitzer sich die „kleine Waldnutzung" nicht ausnimt.

Laut Statitsik gab es im Jahre 2002 nur 65 Übertretungen gegen das Forst-gesetz. Als Gast sollen wir uns auf jeden Fall rücksichtsvol gegenüber der Natur, dem Besitzer und den anderen nutzern verhalten.

Im Wald lauern auch verstekte Gefahren. So können Zecken die FSME übertragen, aber auch stechende Insekten können einen alergischen Schok auslösen.

Auch Gewitter sind im Wald nich ungefährlich. Wenn dich im Wald Blitz und Donner überaschen, verlaße sofort exponierte Stellen.

Kontrolle und Ergebnis

Von den 30 Fehlern wurden ______ entdeckt. Multipliziere die Zahl der gefundenen Fehler mit 3,3.

Das ergibt ______ %.

12 s – ß – ss

In diesem Text sind etliche Rechtschreibfehler. Betätige dich als gewissenhafter Korrekturleser.

Tipp 1: Lies halblaut und fahre gleichzeitig mit der Bleistiftspitze mit.
Tipp 2: Konzentriere dich nicht nur auf besondere Stellen im Wort, zB s, ß oder ss. Der Fehler passiert gelegentlich an einer harmlosen Stelle.

Jeder von uns weis, dass die Sonne als Energiespender allen kostelos zur Verfügung steht. Viele Kogresse haben sich schon mit Energie aus Sonne, Wind und Biomaße beschäftigt. Die jährliche Bio-Messe zeig den Besuchern die bessere Ausnutzung der alternativen Energietreger. Gegner der Altarnativenergien verweisen immer wieder, das sich Investitionen in diese erneurbaren Energien nicht rechen. Jede Ölpreiserhöung heizt die Disskussion über preiswerte Alternativen an. Die Erdölwirtschaft hat wenig Interese an einer Förderung von Biosprint oder Biostrom. Sie sezt weiter auf fosile Brennstoffe. Vertreter meinen, dass Erdgas aus Russland, Erdöl aus dem nahen Osten oder Stromimpote auch in Zukuntf unsere Energieversorgung sichern. Dass Atomkraftwerke eine grosse Gefahr für Mensch und Umwetl darstellen, weiß man spätestens seit der Katastophe von Tschernobyl. In dem Bewußtsein, dass es in Östereich keinen Atomstrom gibt, könnte man sich gelassen zurücklehnen. Angeblich wird aber auch Atomstrom inportiert, sodass desshalb auch der Kunde in Österreich ungewolt Atomstrom kaufen muss. Doch spätestens bis alle Ressourcen aufgebaucht sind, werden auch die Beführworter herkömmlicher Energieformen ein Zugeständniss an die Ökoenergie machen müssen.

16 Pkt.

Kontrolle und Ergebnis

Von den 30 Rechtschreibfehlern wurden ______ entdeckt. Multipliziere die Zahl der gefundenen Fehler mit 3,3. Das ergibt ______ %.

13 Dehnungen

In diesem Text sind etliche Rechtschreibfehler. Betätige dich als gewissenhafter Korrekturleser.

Tipp 1: Lies halblaut und fahre gleichzeitig mit der Bleistiftspitze mit.
Tipp 2: Konzentriere dich nicht nur auf besondere Stellen im Wort, zB Dehnungen. Der Fehler passiert gelegentlich an einer harmlosen Stelle.

Die Jahreszeiten entstehn durch die Drehung der Erde um die Sonne.

Die Erbdahn ist um 23,5 Grat geneigt. Durch diese schiefe Ebene wird im Laufe eines Jahres die Erdkugel unterschidlich bestahlt.

Im Herbst und Früling werden die Nord- und Südhabkugel gleich ausgeleuchtet. Die Sonne steht am Äquartor im Zenit. Die beiden Polkappen werden gerade noch beschienen. Die Tag und Nächte sind gleich lang. Schneeglökchen zeigen sich schon im speteren Winter als Vorboten des lang ersähnten Frühjahres.

Alle sehnen sich nach der Wärme, spühren den heranahenden Frühling und bestaunen die ersten Blühten.

Bald kehren die Zugvögel zurück. Überal in der Natur kann man das fröhliche Vogelgezitscher hören.

Die Sonne steigt von Tag zu Tag höcher. Sie erreicht Ihren Höchststand am 21. Juni. Der Sommeranfang wird gebührent gefeiert. Sonnwendfeuer lodern landauf und landab.

Nun beginnt auch die Uhrlaubszeit. Viele Städter flieen vor der Hitze und Schwühle ans Mehr. Doch viel zu schnell muss man Abschied vom Sommer nehmen. Der Spätsommer ziet ins Land und lädt zum Wandern in die alpienen Zonen ein. Doch bald künden Nebelschwaden, Nachfröste und orkanatige Stürme den nahenden Winter an.

179W.

Kontrolle und Ergebnis

Von den 28 Rechtschreibfehlern wurden ______ entdeckt. Multipliziere die Zahl der gefundenen Fehler mit 3,6. Das ergibt ______ %.

14 i – ih – ie – ieh

In diesem Text sind etliche Rechtschreibfehler. Betätige dich als gewissenhafter Korrekturleser.

Tipp 1: Lies halblaut und fahre gleichzeitig mit der Bleistiftspitze mit.
Tipp 2: Konzentriere dich nicht nur auf besondere Stellen im Wort, zB Wörter mit i, ih, ie oder ieh. Der Fehler passiert gelegentlich an einer harmlosen Stelle.

Man liest in der Zeitung und siet im TV manch Wissenswertes über die Haltung von Haustieren und von Nuzvieh.

Beleibte Haustiere sind zum Beispiel Hunde, Katzen, aber auch Kanienchen.

Seltener – und das trotz des Wiederstandes der Mieter – werden Krokodile und andere Reptilien in den Wohnungen gehatlen. Eine Riesenechse in der Badewanne ist schließlich nicht jedermans Sache.

Das aufziehen eines Tigers im Wohnzimmer widerspicht der Hausordnung und stöhrt den Hausfrieden.

Nicht alle Hausherren machen zu den Lieblingen der Mieter eine gute Mine. Manche verbieten die Tierhaltung in den Wohnungen, manche gestatten diese bis auf Wideruf.

Haustiere führen auch hier und da zu einer Kriese in den nachtbarschaftlichen Beziehungen. Sind beide Seiten unnachgibig, braucht man einen Schiedsrichter, mitunter giebt es auch ein Wiedersehen vor dem Richter.

Keine Problem machen dagegen Ziehrfische in einem Aquarium oder Vögel mit ihrem bunten Gefieder. Die Haltung von Vögeln in Kefigen wird wiederum von Tierschützern kritisirt.

Wer sich für einen Vierbeiner entschießt, muss auch für das endsprechende Quatier und für die medizienische Betreuung sorgen. Weiters ist zu bedenken, das Haustiere nicht den Kindern als Spielzeug dienen solten.

Kontrolle und Ergebnis

Von den 27 Rechtschreibfehlern wurden ______ entdeckt. Multipliziere die Zahl der gefundenen Fehler mit 3,7. Das ergibt ______ %.

15 e – ä, eh – äh, eu – äu, ei – ai

In diesem Text sind etliche Rechtschreibfehler. Betätige dich als gewissenhafter Korrekturleser.

Tipp 1: Lies halblaut und fahre gleichzeitig mit der Bleistiftspitze mit.
Tipp 2: Konzentriere dich nicht nur auf besondere Stellen im Wort, zB Wörter mit e oder ä, eh oder äh, eu oder äu, ei oder ai. Der Fehler passiert gelegentlich an einer harmlosen Stelle.

Oft vergleicht man die reitzvolle Wachau mit dem Rheinntal zwischen Mainz und Koblenz. Beide Stromtäler schlengeln sich duch Bergländer und sehen sich in ihrem äußeren Erscheinungsbild sehr ähnlich.

Die Weinreben sind das Makenzeichen beider Täler. Der Weinbau ist nicht nur die Existänzgrundlage vieler Menschen, sonder lockt auch unzählige Geste aus nah und fern an.

Das bewirtschaften der steilen Hänge war seid eh und jeh äußerst anstrengend. Die Winzer mussten schon immer die Ärmel aufkrämpeln, um die Weingärten zu bearbeiten. Der Lohn der Arbeit ist ein ausgezeichnetes Töpfchen, das in den besten Häusern kredentzt wird.

An beiden Ufern seumen malerische Städtchen den Strom. Alte Gebäude und enge Gässchen pregen die Ortskerne.

Im Wonnemonat Mai beginn die Reisezeit für unzählige Touristen. Hotels, Gästehäuser und Privatquatiere beherrbergen in- und ausländische Touristen. Sie besuchen nicht nur die Heurigenlokale und Weinschenken, sondern besichtigen auch die Kulturdenkmeler wie Burgen, Ruinen oder Werkirchen.

Wegen der verträumten Landschaft sind die Stromtäler oftmals Drehorte für Heimatflime und liefern den Hintergrund für Heimatsagen. Unvergeßlich bleibt die Sage vom Lorelaifelsen oder vom Sänger Blondl.

Kontrolle und Ergebnis

Von den 23 Rechtschreibfehlern wurden ______ entdeckt. Multipliziere die Zahl der gefundenen Fehler mit 4,4. Das ergibt ______ %.

16 d – t, b – p, g – k

In diesem Text sind etliche Rechtschreibfehler. Betätige dich als gewissenhafter Korrekturleser.

Tipp 1: Lies halblaut und fahre gleichzeitig mit der Bleistiftspitze mit.
Tipp 2: Konzentriere dich nicht nur auf besondere Stellen im Wort, zB Wörter mit b oder p, d oder t, g oder k. Der Fehler passiert gelegentlich an einer harmlosen Stelle.

Explosievlaute bereiten beim schreiben Probleme. Sie können stimmhaft gesprochen und als b im Wort *Brot,* als d im Wrot *drehen* und als g im Wort *gehen* geschriebn werden.
Anderseits werden sie stimmlos gesprochen und als p im Wort *pikig,* als t im Wort *trüb* oder als k im Wort *kühl* verschiftet .
Stehen diese Laute zwischen zwei Vokalen, hört man den Underschied zwischen den stimmlosen und den stimmhaften Kosonanten deutlich.
Am Wortanfang und am Wortente ist eine Entscheidung schwierig.
Duch das Verlängern des Wortes kannst du dir am Wortende helfen: *trüb* → *trüber, Hemt* → *Hemden, Zwerg* → *Zwege.*
Bei Unsicherheiten am Anfang des Wortes Probiere das Wort mit der gegensetzlichen Artikulation: *Kante* oder *Gante, Boden* oder *Poden, Dackel* oder *Tackel.* Du darfst ruhig die Ausspache übertreiben.
In manchen Fällen nützt auch die deutlichste Artikulazion nichts, zum Beispiel bei *Dedektiv.* Diese gefährlichen Stellen muss man sich ein-pregen.
Mit der unterschiedlichen Aussprache und Schreibung veräntert sich mitunter die Wortbeteutung. So kann man an *Gott glauben,* aber auch *Kartoffel glauben.* Man liegt mit *Grippe* im Bett, aber das Jesukind lag in der *Kippe.*

Kontrolle und Ergebnis

Von den 22 Rechtschreibfehlern wurden ______ entdeckt. Multipliziere die Zahl der gefundenen Fehler mit 4,5. Das ergibt ______ %.

17 gs – ks – cks – x

In diesem Text sind etliche Rechtschreibfehler. Betätige dich als gewissenhafter Korrekturleser.

Tipp 1: Lies halblaut und fahre gleichzeitig mit der Bleistiftspitze mit.
Tipp 2: Konzentriere dich nicht nur auf besondere Stellen im Wort, zB Wörter mit gs oder ks oder cks oder x. Der Fehler passiert gelegentlich an einer harmlosen Stelle.

„Rechtscheiben ist keine Hexerei!“, behaupten die einen.

„Rechtschreiben ist eine verflixte Sache!“, meinen fuxteufelswild die anderen.

Allerdings muss man festellen, dass auch für erwachsene Menschen dass Rechtschreiben eine Murgserei ist. Längs wäre eine gründliche Rechtschreibreform fellig, die die Praxis des Schreibens wirksam erleichtert. Würde man zum Beispiel für den ks-Laut nur das Schrifzeichen x verwenden, dann müssten wir *links* als *linx* oder den *Tintenkleks* als *Tintenklex* schreiben. Aus *ringsum* würde *rinxum*, aus der *Eideckse* eine *Eidexe* und aus den *Weihnachtskeksen* würden die *Weihnachtskexe*. Der *Büchsenmacher* wäre der *Büxenmacher* und die *Wächselstube* die *Wexelstube*.

Nicht verändern würden sich der *Taxifahrer*, das *Mixgetrenk* oder der *Export*. Wie aber müsste man den *Buxbaum* schreiben?

Für den Schreiber wäre vieleicht eine Fixierung auf nur ein Schriftzeichn eine Erleichterung, das Lesen eines Textes würde allerdings erschwärt.

Im Wort *Linksausen*, geschrieben als *Linxaußen*, würde man nicht gleich erkennen, dass es sich um den linken Flügelstürmer handet. Eine *Sechstagewoche* könnte man nicht mehr von einem *Sexatentat* unterscheiden.

Wer also blindlinks solche Vereinfachungen fordert, muss sich klahr sein, dass er schnurstraks ein anderes Problem eröffnet.

Kontrolle und Ergebnis

Von den 21 Rechtschreibfehlern wurden ______ entdeckt. Multipliziere die Zahl der gefundenen Fehler mit 4,8. Das ergibt ______ %.

18 f oder v

In diesem Text sind etliche Rechtschreibfehler. Betätige dich als gewissenhafter Korrekturleser.

Tipp 1: Lies halblaut und fahre gleichzeitig mit der Bleistiftspitze mit.
Tipp 2: Konzentriere dich nicht nur auf besondere Stellen im Wort, zB Wörter mit f oder v. Der Fehler passiert gelegentlich an einer harmlosen Stelle.

Es lebten einmal ein schlauer Fux und ein böser Wolf. Eines Tages trafen sie sich auf einer Viehwiede. Eine Stute graste friedlich mit ihrem Folen. Voll Übermut und Freude spang das Junge um die Mutter. Einmal tantzte es auf den Hinterfüßen, einmal auf den Forderfüßen. Es entfernte sich aber nicht zu weit von der Stute.
Dem Wolf lief vor Gier das Wasser im Mund zusamme. Er vorderte den Fuchs auf: „Frag doch die Stute, welchen Preis sie für das Fohlen fordet."
Vorsichtig näherte sich der Fuchs von vorne den beiden Tieren.
„Wie fiel forderst du für dein Fohlen?", fragte er verlägen.
„Unten auf meinem Hinterhuf steht die Vorderung", antwortete die Stute.
Der Fuchs lief zum Wolf und überbachte im die Auskunft.
Der Wolf warf dem fuchs vor, warum er die Nachrich nicht gelesen habe. Dem Fuchs viel gleich eine gute Ausrede ein. Er meinte, dass Lesen viel zu anstrengend sei, und schlich sich vort. Der Wolf war aber Fest entschlossen, die Forderung zu lesen und das Fohlen zu fressen.
Die Stute erfüllte seinen Wunsch. Sie hob den Huf, der frisch beschlagen war. Als sich der Wolf bückte, versezte ihm die Stute einen gezielten Schlag.
Der Wolf fiel zu Boden, Stute und Fohlen entfertnen sich zufrieden.

Kontrolle und Ergebnis

Von den 21 Rechtschreibfehlern wurden ______ entdeckt. Multipliziere die Zahl der gefundenen Fehler mit 4,8. Das ergibt ______ %.

19 Groß- und Kleinschreibung

In diesem Text sind etliche Rechtschreibfehler. Betätige dich als gewissenhafter Korrekturleser.

Tipp 1: Lies halblaut und fahre gleichzeitig mit der Bleistiftspitze mit.
Tipp 2: Konzentriere dich nicht nur auf besondere Stellen im Wort, zB Wörter mit großen oder kleinen Anfangsbuchstaben. Der Fehler passiert gelegentlich an einer harmlosen Stelle.

Viele Menschen klauben, dass der Mond das Wetter beeinfusst. Für diese meinung gibt es eine einfache Erklerung: Bei Klarem Himmel kann man den Follmond sehen. daher gilt der Vollmond als Schönwetterbote. In Wahrheit weichen die Kräfte des Mondes nicht aus, dass Wettergeschehen mitzugestalten. Auch Fröschen und Gröten schreibt man die Fähigkeit zu, schlechtes Wetter vorher zu spühren. Doch auch hier kann die Wissenschaft keinen beweis liefern. Im Mittelalter wurden die Wetterhexen für Unwetter verantwortlich gemacht. Wegen Ihrer Zauberkräfte landeten schuldlose auf dem Scheiderhaufen. Noch Heute soll gegen Unwetter das läuten der Kirchenglocken oder das Anrufen eines Wetterpatrons schützen. Durch das beobachten des Wetters entstanden Wetterregeln, die von Generation zu Generation überliefer wurden. Solche regeln stützen sich auf langjährige Naturbeobachtungen und haben meist einen Wahren Kern, wie zum beispiel: „Wenn's zu Lichtmes stürmt und schneid, ist das Frühjahr nicht mehr weit." Lichtmess ist am 2. Februar. Wenn biss dahin hochwinter herscht, ist die Umstellung auf warmes Frühlingswetter wahrscheindlich.

Doppelpunkt: bei dir. Rede, Gedanken
·) vor angekündigten Aufzählungen: Folgende Texte sind zu lesen: eine Kurzgesch., 1 Märchen, 1 Fabel u. 1 Parabel.
·) vor Sätzen, d. d. vorher Gesagte zs. fassen od. e-e Schlussfolgerung daraus ziehen (d. Wald, d. Felder, d. See: All d. gehörte früher e-m einzigen Mann)
gr., wenn selbständiger S

166 W.

Kontrolle und Ergebnis

Von den 28 Rechtschreibfehlern wurden ______ entdeckt. Multipliziere die Zahl der gefundenen Fehler mit 3,6. Das ergibt ______ %.

20 Die höfliche Anrede mit „Sie“

In diesem Text sind etliche Rechtschreibfehler. Betätige dich als gewissenhafter Korrekturleser.

Tipp 1: Lies halblaut und fahre gleichzeitig mit der Bleistiftspitze mit.
Tipp 2: Konzentriere dich nicht nur auf besondere Stellen im Wort, zB die höfliche Anrede. Der Fehler passiert gelegentlich an einer harmlosen Stelle.

Lieber Urlaubsgast!

Wir gratulieren Ihnen zu ihrer Entscheidung, Ihren Winteruhrlaub in unserem weltbekannten Schiort zu verbingen. Wir sind bemüht, sie auf allen Gebieten zu verwöhnen. So haben wir für Sie eine Gästekarte vorbereitet, mit der Sie viele Einrichtungen gratis oder stark ermäßigt nutzen können. In Ihrem Quatier kann Sie angefordert werden. Wir möchten höflich hinweisen, dass mit ihr auch ein Schipaß für eine Woche Liftbenützung billiger erworben werden kann. Ohne Sie sollten sie nie in unserem Ort unterwegs sein. Wollen Sie ins Erlebnisshallenbad gehen, so ist der Eintritt mit ihr für sie gratis. Selbstverständlich können auch ihre Kinder diesen Vorteil nutzen. Zusetzlich haben wir für ihre Kleinsten eine Krabbelstube eingerichtet. Dort werden sie von einem pädagogisch geschulten Personal beträut, und Sie, verehrter Wintergast, können in dieser Zeit sorgenfrei Schi fahren. Zum Schluss noch eine Information zu unseren Pisten. Wir pflegen Sie täglich, sodass Sie wie auf frischem Pulferschnee ins Tal wedeln werden. Weiter Informationen erhalten Sie direkt in unserem Tourismusbüro, wo ihnen unser fachkundiges Personal rund um die Uhr zur Verfügung steht. Fühlen Sie sich wie zu Hause und empfehlen sie uns bitte weiter.

Ihr Tourismusteam

Kontrolle und Ergebnis

Von den 20 Rechtschreibfehlern wurden ______ entdeckt. Multipliziere die Zahl der gefundenen Fehler mit 5. Das ergibt ______ %.

21 Verben substantivieren

Signale für das Substantivieren von Verben sind:
- Artikel (*das Schwimmen*)
- Präposition und Artikel (*beim Schwimmen*)
- Adjektiv als Attribut (*ausdauerndes Schwimmen*)

Setze bei den Verben die Anfangsbuchstaben ein.

1. nur beim __esen eine Brille __ragen — l t
2. mit sechs Jahren __esen __ernen — l l
3. nichts zu __achen __aben — l h
4. vor der Prüfung nicht __ittern __üssen — z m
5. auf __iegen und __rechen __ämpfen — b b k
6. rasches __andeln einem ewigen __ögern __orziehen — h z v
7. beim Vortrag frei __prechen __önnen — s k
8. mit __ ittern und __angen das Ergebnis __bwarten — z b a
9. ohne zu __ittern zur Prüfung __ntreten — z a
10. etwas zum __chmunzeln __orlesen — s v
11. unerlaubtes __alten und __arken __estrafen — h p b
12. täglich Bücher __esen __ollen — l w
13. Zeit zum __berlegen __eben — ü g
14. ohne zu __chauen die Straße __berqueren — s ü
15. im Garten __achlaufen __pielen — n s
16. das __alten __rlauben, aber das __arken __erbieten — h e p v
17. vor dem __chreiben gut __berlegen — s ü
18. das freie __prechen des Redners __ewundern — s b
19. ins __tocken __eraten — s g
20. viel zu __rzählen __aben — e h

Kontrolle und Ergebnis

Von den 46 Anfangsbuchstaben sind _____ richtig. Multipliziere die Zahl der richtigen Anfangsbuchstaben mit 2,2. Das ergibt _____ %.

22 Adjektive substantivieren

Das attributive Adjektiv wird kleingeschrieben: *der* ***schnellste*** *Läufer*.
Lässt man das Substantiv weg, übernimmt das Adjektiv die Funktion des Substantivs und wird großgeschrieben: *der* ***Schnellste***.

Lass das Substantiv weg. Schreibe die verkürzte Form daneben.

1. sich in französischer Sprache unterhalten ______
2. bei grünem Licht losfahren ______
3. eine kurze Hose anziehen ______
4. reiche und arme Menschen ______
5. bis ins kleinste Detail planen ______
6. ins schwarze Feld treffen ______
7. auf das ärgste Ereignis gefasst sein ______
8. die jugendlichen Burschen einladen ______
9. den schnellsten Sprinter bejubeln ______
10. aus dem vollen Wissen schöpfen ______
11. im wesentlichen Punkt übereinstimmen ______
12. im folgenden Kapitel nachlesen ______
13. im trüben Wasser fischen ______
14. auf dem trockenen Land sitzen ______
15. große und kleine Kinder betreuen ______
16. die grünen Kandidaten wählen ______
17. bei rotem Licht anhalten ______
18. dem schnellsten Schwimmer gratulieren ______
19. die eingeborenen Stämme Afrikas ______
20. die unschuldigen Menschen schonen ______

Kontrolle und Ergebnis

Von den 20 Kurzformen sind ______ richtig. Multipliziere die Zahl der richtigen Kurzformen mit 5.

Das ergibt ______ %.

23 Bei Fügungen aus Präposition und Adjektiv entscheiden

Präposition + Artikel (in dem = im) → Großschreibung des Adjektivs, zB *im Wesentlichen*
Präposition ohne Artikel in festen Verbindungen mit ungebeugten Adjektiven → Kleinschreibung des Adjektivs, zB *von nah und fern*
Präposition ohne Artikel in Verbindung mit gebeugten Adjektiven → Groß- oder Kleinschreibung, zB *von Weitem / von weitem*
Präposition ohne Artikel: Wenn das Adjektiv auch ohne Präposition als Substantiv auftritt → Großschreibung, zB *Alt und Jung*, daher auch *für Alt und Jung*

Überlege, ob die ADJEKTIVE groß- oder kleingeschrieben werden müssen. Schreibe die Fügungen daneben.

1. sich über KURZ oder LANG durchsetzen ____________________
2. auf dem TROCKENEN sitzen ____________________
3. von KLEIN auf bescheiden sein ____________________
4. von NEUEM beginnen ____________________
5. etwas aufs NEUE versuchen ____________________
6. den Betrag in BAR zahlen ____________________
7. durch DICK und DÜNN gehen ____________________
8. im WESENTLICHEN übereinstimmen ____________________
9. für JUNG und ALT ____________________
10. genau ins SCHWARZE treffen ____________________
11. bis auf WEITERES geschlossen bleiben ____________________
12. aus NAH und FERN kommen ____________________
13. etwas zum BESTEN geben ____________________
14. ans GUTE glauben ____________________
15. beim ALTEN bleiben ____________________
16. etwas im VORAUS bezahlen ____________________
17. etwas SCHWARZ auf WEISS beweisen ____________________
18. im DUNKELN tappen ____________________
19. seit LÄNGEREM feststehen ____________________
20. das Auto in ROT bestellen ____________________

Kontrolle und Ergebnis

Von den 20 Entscheidungen sind ______ richtig. Multipliziere die Zahl der richtigen Entscheidungen mit 5. Das ergibt ______ %.

24 Das richtige Wort substantivieren

Für das Substantivieren braucht man ein gutes Sprachgefühl. Du musst dabei die ganze Fügung bzw. auch einen ganzen Satz genau lesen.

Unterstreiche die substantivierten Wörter. Schreibe dann die Fügung auf.

1. kein GROSSES VERLANGEN haben ______
2. nach UNWICHTIGEM FRAGEN ______
3. etwas GROSSARTIGES PLANEN ______
4. kein LANGES ZÖGERN dulden ______
5. etwas GROSSARTIG PLANEN ______
6. etwas ins LÄCHERLICHE ZIEHEN ______
7. ein STÄNDIGES ZIEHEN verspüren ______
8. alles UNGERECHTE VERURTEILEN ______
9. nichts HEISSES SCHLUCKEN ______
10. ein WICHTIGES VORHABEN planen ______
11. durch UNWICHTIGES FRAGEN stören ______
12. ein UNMÄSSIGES ESSEN bereuen ______
13. jemandem ALLES GUTE wünschen ______
14. ein HERZLICHES WILLKOMMEN zurufen ______
15. Gäste HERZLICH WILLKOMMEN heißen ______
16. für sein LÄSTIGES BENEHMEN ermahnen ______
17. am HERKÖMMLICHEN FESTHALTEN ______
18. alles UNGERECHT EMPFINDEN ______
19. den Text ins REINE SCHREIBEN ______
20. ein PAAR AUSERWÄHLTE begrüßen ______

Kontrolle und Ergebnis

Von den 17 substantivierten Wörtern sind ______ richtig bestimmt. Von den 20 Fügungen sind ______ richtig aufgeschrieben. Von den insgesamt 37 Entscheidungen sind also ______ richtig.

Multipliziere die Zahl der richtigen Entscheidungen mit 2,7. Das ergibt ______ %.

25 Bezeichnungen für Sprachen

Bezeichnungen für Sprachen werden oft wie ein Substantiv gebraucht. Sie müssen aber auch als Bestandteil eines Titels, historischen Ereignisses usw. großgeschrieben werden. Liegt kein Signal für die Großschreibung vor und kannst du eindeutig mit *wie?* fragen, schreibst du die Sprachbezeichnung klein.

Setze die fehlenden Anfangsbuchstaben ein.

1. Sein __nglisch hat einen __eutschen Akzent.
2. Mit __panisch kann man sich in Lateinamerika gut verständigen.
3. Sie spricht perfekt __nglisch, __ranzösisch und __panisch.
4. Der __eutsch-__ranzösische Krieg dauerte ungefähr ein halbes Jahr.
5. Mrs. Fitz unterrichtet den Gegenstand __nglisch.
6. Manche Vorträge werden in __nglisch gehalten.
7. Die __ranzösische Küche ist weltbekannt.
8. Die __ranzösische Revolution endete 1795.
9. Sie verbrachte den Urlaub an der __talienischen Riviera.
10. Die __talienischen Rotweine werden auch bei uns gerne gekauft.
11. Er wollte schon immer __talienisch lernen.
12. Das __talienische ist auf das __ateinische zurückzuführen.
13. Auf __talienischen Autobahnen ist generelle Mautpflicht.
14. Der __eutsche Schäferhund ist ein verlässlicher Wachhund.
15. Ein gut verständliches __eutsch erleichtert die Kommunikation.
16. Im Ausland verständigt man sich am besten auf __nglisch.
17. Die __schechische Republik grenzt an Österreich und Deutschland.
18. Er las den Text __eutsch und __nglisch vor.
19. Meine Sitznachbarin spricht __urdisch, __ürkisch und __eutsch.
20. Spricht sie mit Landsleuten, bevorzugt sie __ürkisch.

Kontrolle und Ergebnis

Von den 28 Entscheidugen sind ______ richtig. Multipliziere die Zahl der richtigen Entscheidungen mit 3,6. Das ergibt ______ %.

26 Zahlwörter richtig schreiben

Grundsätzlich schreibt man Zahlwörter klein. Sie werden nur großgeschrieben, wenn sie die Signale einer Substantivierung aufweisen und wenn sie Teil eines Eigennamens sind.

Überlege und schreibe dann die Fügung daneben.

1. am DRITTEN jedes Monats ______
2. eine HUNDERTSTEL Sekunde ______
3. um ein TAUSENDSTEL verlieren ______
4. jeder DRITTE wird gewinnen ______
5. am ERSTEN Mai aufmarschieren ______
6. die DRITTE Welt unterstützen ______
7. der ZWEITE Weltkrieg ______
8. ein VIERTEL Liter Milch ______
9. zum ERSTEN, zum ZWEITEN, zum ... ______
10. ein VIERTEL vor DREI ______
11. zu VIERT kommen ______
12. der ZWEITE von links ______
13. das DREIFACHE bezahlen ______
14. zum DRITTEN Mal antreten ______
15. Kaiser Otto der ERSTE ______
16. das ERSTE DRITTEL schaffen ______
17. sich DREIFACH absichern ______
18. bei der Stunde NULL beginnen ______
19. die Ziffer NULL schreiben ______
20. auf DREI Grad unter NULL sinken ______

Kontrolle und Ergebnis

Von den 24 Zahlwörtern wurden ______ richtig geschrieben. Multipliziere die Zahl der richtig geschriebenen Zahlwörter mit 4,2. Das ergibt ______ %.

27 Zeitangaben richtig schreiben

Wochentage und Tageszeiten können als Nomen auftreten: *der Freitag, am Freitag, am Abend, heute Nacht ...*
Sie können aber auch als Umstandswörter verwendet werden: *freitags, abends, heute ...*

Überlege und ergänze die Anfangsbuchstaben.

1. eines __ages nicht mehr zurückkommen	t	
2. sich __orgen __bend in der Disco treffen	m	a
3. zu __ittag nur eine Kleinigkeit essen	m	
4. die Entscheidung __ags darauf bereuen	t	
5. am __orgen schwer aufstehen können	m	
6. schon __rüh das Lesen lernen	f	
7. noch __pätabends vor dem Fernseher sitzen	s	
8. von __rüh bis __pät auf den Beinen sein	f	s
9. wichtige Dinge gleich am __orgen erledigen	m	
10. nur __ochentags zur Arbeit fahren	w	
11. am ersten __ontag im Monat Sprechstunde halten	m	
12. nur selten __onntags arbeiten	s	
13. gegen __bend von der Arbeit heimkommen	a	
14. __achts oft von __bermorgen träumen	n	ü
15. um acht Uhr __rüh anrufen	f	
16. die Welt von __orgen optimistisch sehen	m	
17. immer __reitags einen Ruhetag einlegen	f	
18. um __itternacht schlafen gehen	m	
19. in einer Welt von __estern leben	g	
20. __eute __ittag Gäste erwarten	h	m

Kontrolle und Ergebnis

Von den 24 Eintragungen sind _____ richtig. Multipliziere die Zahl der richtigen Eintragungen mit 4,2.

Das ergibt _____ %.

28 Farbadjektive richtig schreiben

Farbadjektive schreibt man grundsätzlich klein. Wie jedes andere Wort kann ein Farbadjektiv als Substantiv verwendet werden: *Grün bevorzugen, mit Rot streichen ...* Farbadjektive können auch Teil eines Eigennamens sein: *der Blaue Planet.*

Überlege und ergänze die Anfangsbuchstaben der Farbadjektive.

1. die Fensterläden ___rün streichen	g		
2. den Urwald als ___rüne Hölle bezeichnen	g		
3. eine dunkles ___ot einem zarten ___osa vorziehen	r	r	
4. bei ___ot anhalten und bei ___rün losfahren	r	g	
5. auf die Farben ___ila und ___osa stehen	l	r	
6. das ___ote Kreuz großzügig unterstützen	r		
7. ___lau mit ___elb zu ___rün mischen	b	g	g
8. eine Fahrt ins ___laue machen	b		
9. sich ___rün und ___lau ärgern	g	b	
10. ganz in ___chwarz gekleidet sein	s		
11. das ___laue vom Himmel holen	b		
12. Irland als die ___rüne Insel bezeichnen	g		
13. den ___oten Faden verlieren	r		
14. in ___ote Zahlen kommen	r		
15. die Wände ___eiß streichen	w		
16. eine ___eiße Weste haben	w		
17. aus ___chwarz ___eiß machen	s	w	
18. einen Europäer einen ___eißen nennen	w		
19. einen ___chwarzweißen Schal tragen	s		
20. einen kleinen ___raunen bestellen	b		

Kontrolle und Ergebnis

Von den 27 Entscheidungen sind ______ richtig. Multipliziere die Zahl der richtigen Entscheidungen mit 3,7. Das ergibt ______ %.

29 Ableitungen auf -er und -isch

In geografischen Eigennamen ist die Endung *-er* ein Signal für die Großschreibung. Die Nachsilbe *-isch* ist eine Signal für die Kleinschreibung. Ist die Ableitung auf *-isch* ein Teil eines Eigennamens, wird sie aber großgeschrieben.

Schreibe die Ableitungen auf.

1. der ____________________ Schnürlregen
   Salzburg
2. das ____________________ Bier
   Bayern
3. die ____________________ Weißweine
   Österreich
4. der ____________________ Emmentaler
   Schweiz
5. die ____________________ Mauer
   Berlin
6. eine ____________________ Gitarre
   Spanien
7. die ____________________ Revolution
   Frankreich
8. ein ____________________ Schnitzel
   Wien
9. ein ____________________ Tee
   Indien
10. der ____________________ Ozean
    Indien
11. die ____________________ Grenze
    Tschechien
12. die ____________________ Marillen
    Wachau
13. mit ____________________ Akzent
    Ungarn
14. im ____________________ Dorf
    Olympia
15. der ____________________ Nebel
    London
16. die ____________________ Autos
    Japan
17. eine ____________________ Gans
    Ungarn
18. der ____________________ Loden
    Tirol
19. die ____________________ Hymne
    Österreich
20. die ____________________ Sprache
    England
21. die ____________________ Kalkalpen
    Niederösterreich
22. die ____________________ Bevölkerung
    Afrika
23. die ____________________ Festspiele
    Bregenz
24. die ____________________ Mauer
    China
25. ein ____________________ Rotwein
    Italien
26. der ____________________ See
    Neusiedl
27. der ____________________ Flughafen
    Frankfurt
28. die ____________________ Spiele
    Olympia

Kontrolle und Ergebnis

Von den 28 Eintragungen sind ______ richtig. Multipliziere die Zahl der richtigen Eintragungen mit 3,6.

Das ergibt ______ %.

30 Adjektive und Zahlwörter in Eigennamen

Adjektive und Zahlwörter können Bestandteile von mehrteiligen Eigennamen oder fachspezifischen Begriffen mit Eigenbedeutung sein.
Während bei Eigennamen die Adjektive und Zahlwörter großgeschrieben werden, gilt bei fachspezifischen Begriffen die freie Wahl zwischen Groß- und Kleinschreibung.

Überlege und schreibe das in Blockschrift gedruckte Wort auf.

1. die ROTE ____________ Karte nach einem Foul erhalten
2. die GROSSEN ____________ Ferien am Meer genießen
3. einen BLAUEN ____________ Montag machen
4. in das SCHWARZE ____________ Meer münden
5. am HEILIGEN ____________ Abend beschenkt werden
6. den SCHIEFEN ____________ Turm von Pisa besichtigen
7. das NEUE ____________ Jahr mit einem Feuerwerk begrüßen
8. den BLAUEN ____________ Enzian schützen
9. im NEUEN ____________ Testament nachlesen
10. die HOHE ____________ Schule des Reitens beherrschen
11. in der HOHEN ____________ Tatra Schi fahren
12. als SCHWARZES ____________ Schaf der Familie gelten
13. den HEILIGEN ____________ Leopold verehren
14. Leopold den HEILIGEN ____________ als Schutzpatron feiern
15. für die DRITTE ____________ Welt Hilfe leisten
16. vom ERSTEN ____________ Weltkrieg lernen
17. auf dem SCHWARZEN ____________ Brett anschlagen
18. den Mars als ROTEN ____________ Planeten bezeichnen
19. das Erdöl als SCHWARZES ____________ Gold bezeichnen
20. die WEISSE ____________ Fahne hissen

Kontrolle und Ergebnis

Von den 20 Eintragungen sind ______ richtig. Multipliziere die Zahl der richtigen Eintragungen mit 5.

Das ergibt ______ %.

31 Unbestimmte Fürwörter und Zahlenadjektive

Für folgende unbestimmte Fürwörter gilt nur die Kleinschreibung: *alle, jeder, keiner, die beiden, manche, ein paar, sämtliche, dieser, jener.*
Für folgende unbestimmte Zahladjektive gilt auch die Großschreibung, wenn der nominale Gebrauch betont werden soll: *das Viele/viele, nur Weniges/weniges, der Eine/eine, der Andere/andere, die Meisten/meisten.*
Nur großgeschrieben werden: *der Einzelne, das Einzige, das Ganze, alles Mögliche, das Übrige.*

Schreibe die in Blockschrift gedruckten Wörter auf.

1. den EINEN ______________ von den BEIDEN ______________ kennen
2. alles ÜBRIGE ______________ mit den Teilnehmern besprechen
3. DIESES ______________ und JENES ______________ bedenken
4. jeden EINZELNEN ____________________ persönlich begrüßen
5. nur WENIGES ______________ aus den Fluten retten können
6. so MANCHEN ______________ damit überraschen
7. ein PAAR ______________ Euros spenden
8. keinen EINZIGEN ______________ davon überzeugen können
9. aus Solidarität VIELES ______________ in Kauf nehmen
10. das GANZE ______________ für einen Scherz halten
11. sein ÜBRIGES ______________ dazu beitragen
12. ein und DENSELBEN ____________________ meinen
13. noch ein BISSCHEN ____________________ warten müssen
14. DENJENIGEN ____________________ bestrafen, der zu spät kommt
15. SÄMTLICHES ____________________ durch einen Brand verlieren
16. nur WESENTLICHES ____________________ unterstreichen
17. JEDERMANN ____________________ im Ort gut kennen
18. auf das ALLERBESTE ____________________ verzichten
19. Geld für alles MÖGLICHE ____________________ ausgeben
20. noch etwas ANDERES ______________ zu tun haben

Kontrolle und Ergebnis

Von den 22 Eintragungen sind _____ richtig. Multipliziere die Zahl der richtigen Eintragungen mit 4,5.

Das ergibt _____ %.

32 Wortgruppen substantivieren

Wortgruppen aus zwei Bestandteilen werden als Substantivierungen zusammen- und großgeschrieben: *kennen lernen* → *zum **K**ennenlernen.*
Bei längeren Wortgruppen werden das erste und letzte Wort großgeschrieben. Zwischen den einzelnen Wörtern stehen Bindestriche: *auf die Barrikaden steigen* → *das **A**uf-die-Barrikaden-**S**teigen*

Substantiviere folgende Wortgruppen.

1. rückwärts fahren — beim ______________________
2. in den Tag hinein leben — das ______________________
3. auf und davon laufen — zum ______________________
4. groß schreiben — das ______________________
5. zustande kommen — das ______________________
6. über Stock und Stein springen — das ______________________
7. einkaufen gehen — zum ______________________
8. fertig machen — beim ______________________
9. in die Luft schauen — beim ______________________
10. Rad fahren — zum ______________________
11. zu Wort kommen — das ______________________
12. auf die lange Bank schieben — kein ______________________
13. Schlange stehen — beim ______________________
14. auf der faulen Haut liegen — das ______________________
15. schön schreiben — zum ______________________
16. aus der Haut fahren — zum ______________________
17. Eis laufen — beim ______________________
18. spazieren gehen — beim ______________________
19. an den Haaren herbeiziehen — das ______________________
20. von der Hand in den Mund leben — das ______________________

Kontrolle und Ergebnis

Von den 20 Substantivierungen sind ______ richtig. Multipliziere die Zahl der richtigen Schreibungen mit 5. Das ergibt ______ %.

33 Rechtschreibtoto

Tipp 1 = Kleinschreibung
Tipp 2 = Großschreibung
Tipp x = Klein- oder Großschreibung möglich

Was gilt für die Wörter in Blockschrift? Gib deine Tipps ab.

	TIPP
nichts zu LACHEN haben	
etwas NEUES beginnen	
aufs HERZLICHSTE grüßen	
ein PAAR Schuhe probieren	
über KURZ oder LANG	
alles GUTE wünschen	
alles UNGERECHT empfinden	
die FRANZÖSISCHE Revolution	
auch TÜRKISCH sprechen	
VERSTECKEN spielen	
das DOPPELTE bezahlen	
die BEIDEN kennen	

	TIPP
etwas zum SCHMUNZELN	
bei NULL beginnen	
Karl der ERSTE	
gegen ABEND heimkommen	
die Welt von GESTERN	
die OLYMPISCHEN Spiele	
ein WIENER Schnitzel	
SPRECHEN lernen	
JUNG und ALT einladen	
bei ROT stehen bleiben	
nur EINIGES verstehen	
in BAR zahlen	

Kontrolle und Ergebnis

Von den 24 Tipps sind ______ richtig. Multipliziere die Zahl der richtigen Tipps mit 4,2.

Das ergibt ______ %.

34 Groß- und Kleinschreib-Test

In jedem Satz sind fünf Anfangsbuchstaben zu ergänzen. Überlege, ob es sich um große oder kleine Anfangsbuchstaben handelt. Kontrolliere danach mit dem Lösungsheft und bestimme die Zahl der richtigen Ergänzungen.

Setze die fehlenden Buchstaben ein.

1. Die ___eiligen ___rei ___önige ___amen ___achts in Bethlehem an.	h d k k n
2. Von ___ah und ___ern strömten Hirten am ___eiligen ___bend zur ___rippe.	n f h a k
3. Im ___ndischen ___zean fielen ___nzählige der ___turmflut zum ___pfer.	i o u s o
4. Leopold den ___eiligen feiert ___an ___lljährlich am ___ünfzehnten ___ovember.	h m a f n
5. Jedes ___al war ___iner der ___eiden etwas ___üde oder er hatte ___nderes vor.	m e b m a
6. Im ___esentlichen kann man sich mit ___twas ___nglisch ___eltweit ___erständigen.	w e e w v
7. Das ___uf-___ie-___ange-___ank-___chieben führt selten zum Ziel.	a d l b s
8. Am ___onntag ___achmittags spielten die ___nwesenden ___erstecken oder ___achlaufen.	s n a v n
9. Das ___ufstehen um ___cht Uhr ___rüh ist ___onntags eindeutig zu ___rüh.	a a f s f
10. Am ___etzten Tag attackierte im ___oten Meer ein ___eißer Hai ___inige ___chwimmer.	l r w e s
11. Der ___eilige ___ankratius ist ___iner der ___rei ___isheiligen.	h p e d e
12. Der ___eitende der Tagung erklärte ___lles ___brige des ___angen und ___reiten.	l a ü l b
13. Das ___esthalten am ___raditionellen hat ___eineswegs nur ___or- oder ___achteile.	f t k v n
14. Man soll in ___ntscheidenden ___ragen das ___ür und ___ider ___edenken.	e f f w b
15. Nach der ___erheerenden ___lut müssen ___berlebende bei der ___tunde ___ull beginnen.	v f ü s n
16. Die Temperaturen sinken in der ___ommenden ___acht auf ___ehn ___rad unter ___ull.	k n z g n
17. Im ___rsten ___rittel waren die ___inheimischen dem ___egner ___aushoch überlegen.	e d e g h
18. Einen ___remden ___rwachsenen redet ___eder von ___ns mit ___ie an.	f e j u s
19. Bei ___ot bleib stehen, bei ___rün kannst du ___ehen, bei ___elb gibt ___cht!	r g g g a
20. So ___ancher, der ___enig lernte, ist mit ___ittern und ___angen zur ___rüfung gegangen.	m w z b p

Kontrolle und Ergebnis

Von den 100 Eintragungen sind ______ richtig. Multipliziere die Zahl der richtigen Eintragungen mit 1. Das ergibt ______ %.

35 Substantiv + Verb

Verbindungen zwischen Substantiv und Verb werden getrennt geschrieben, wenn das Substantiv als reines Objekt aufgefasst wird: *Trompete blasen*.
Anderseits kann das Substantiv mit dem Verb einen Begriff ergeben: *kopfstehen, eislaufen, leidtun*.
Hier gilt die Zusammenschreibung. Für die substantivierte Form der Fügung gilt auf alle Fälle die Zusammenschreibung.

Schreibe die Nennform und die substantivierte Form auf.

	Nennform	substantivierte Nennform
1. NACHT/WANDELN	______	beim ______
2. FLÖTE/BLASEN	______	zum ______
3. TEIL/HABEN	______	das ______
4. BRUCH/RECHNEN	______	beim ______
5. BAHN/FAHREN	______	das ______
6. BOCK/SPRINGEN	______	beim ______
7. MUT/MACHEN	______	zum ______
8. KOPF/STEHEN	______	das ______
9. FEUER/FANGEN	______	das ______
10. SCHLUSS/FOLGERN	______	das ______
11. KOPF/RECHNEN	______	beim ______
12. SEGEL/FLIEGEN	______	beim ______
13. DRACHEN/STEIGEN	______	zum ______
14. WETT/EIFERN	______	vom ______
15. BRUST/SCHWIMMEN	______	im ______
16. ENERGIE/TANKEN	______	fürs ______
17. WACHE/HALTEN	______	das ______
18. SCHLAF/WANDELN	______	beim ______
19. MASCHINE/SCHREIBEN	______	das ______
20. STAND/HALTEN	______	das ______

Kontrolle und Ergebnis

Von den 40 Eintragungen sind ______ richtig. Multipliziere die Zahl der richtigen Eintragungen mit 2,5.

Das ergibt ______ %.

36 Substantiv + Partizip

Hier gilt:
- Zusammenschreibung, wenn die Wortgruppe im Infinitiv zusammengeschrieben wird.
- Getrenntschreibung, wenn die Wortgruppe im Infinitiv getrennt geschrieben wird.
  Steht die Partizipform als Attribut vor einem Namenwort, kann das Wort auch zusammengeschrieben werden: *die Schi laufenden/schilaufenden Kinder.*

Schreibe die Wortgruppe, die in Blockschrift steht, auf.

1. die NACHT/WANDELNDEN ______________________ Menschen
2. die RAD/FAHRENDEN ______________________ Sportler
3. die KOPF/RECHNENDEN ______________________ Schüler
4. die BAHN/BRECHENDEN ______________________ Ideen
5. die WACHE/STEHENDEN ______________________ Soldaten
6. die WAHL/WERBENDEN ______________________ Gruppen
7. die SCHLUSS/FOLGERNDEN ______________________ Gedanken
8. die BAHN/FAHRENDEN ______________________ Pendler
9. die WETT/EIFERNDEN ______________________ Teams
10. die BOCK/SPRINGENDEN ______________________ Turner
11. die DRACHEN/STEIGENDEN ______________________ Kinder
12. der BAUCH/REDENDE ______________________ Magier
13. das NOT/LANDENDE ______________________ Flugzeug
14. der FEUER/FANGENDE ______________________ Stoff
15. die NOT/LEIDENDE ______________________ Bevölkerung
16. das BRUCH/RECHNENDE ______________________ Kind
17. die SONNEN/BADENDEN ______________________ Touristen
18. die PLEITE/GEHENDE ______________________ Firma
19. das WALZER/TANZENDE ______________________ Paar
20. der MASS/REGELNDE ______________________ Chef

Kontrolle und Ergebnis

Von den 20 Entscheidungen sind ______ richtig. Multipliziere die Zahl der richtigen Eintragungen mit 5.

Das ergibt ______ %.

37 Bei partizipierten Wortgruppen entscheiden

Es gibt Wortgruppen zwischen Substantiv und Verb, die nur in der partizipierten Form vorkommen, zB *herzerquickend, weltbekannt*. Im Infinitiv kommen solche Wortgruppen nur in einer erweiterten Form vor, zB *das Herz erquicken, in der Welt kennen*. In solchen Fällen gilt die Zusammenschreibung.

Überprüfe, ob in der Nennform das Substantiv erweitert werden muss. Schreibe dann die Nennform und die Partizipform auf.

	Nennform	Partizipform
1. HERZ/ZERREISSEND	______	______
2. FEUER/FANGEND	______	______
3. RUF/SCHÄDIGEND	______	______
4. RAT/SUCHEND	______	______
5. SCHMERZ/ERFÜLLT	______	______
6. WALZER/TANZEND	______	______
7. TREUE/SCHWÖREND	______	______
8. KAMPF/ERPROBT	______	______
9. DIENST/HABEND	______	______
10. FREUDE/STRAHLEND	______	______
11. SCHLANGE/STEHEND	______	______
12. MASS/HALTEND	______	______
13. ANGST/ERFÜLLT	______	______
14. MILIEU/GESCHÄDIGT	______	______
15. UMWELT/BEDROHEND	______	______
16. GEWINN/BRINGEND	______	______
17. MOPED/FAHREND	______	______
18. NOT/LEIDEND	______	______
19. ZEIT/SPAREND	______	______
20. BAHN/BRECHEND	______	______

Kontrolle und Ergebnis

Von den 40 Eintragungen sind ______ richtig. Multipliziere die Zahl der richtigen Eintragungen mit 2,5.

Das ergibt ______ %.

38 Verbindungen von Substantiv und Adjektiv

Substantive können mit Adjektiven zusammengesetzt werden. Sie schreibt man zusammen, zB eine *kilometerlange* Allee. Ist das Substantiv erweitert, wird getrennt geschrieben, zB *eine drei Kilometer lange Allee.*

Überlege und schreibe die Zusammensetzung auf.

1. drei FINGER/BREIT ______________________ sein
2. ein HAUS/HOHER ______________________ Unterschied
3. ein KNIE/LANGER ______________________ Faltenrock
4. bis zum KNIE/LANG ______________________ sein
5. ein BUTTER/WEICHES ______________________ Kalbfleisch verzehren
6. ein JAHRE/LANGES ______________________ Leiden erdulden
7. METER/HOHE ______________________ Wellen schlagen
8. sechs METER/HOCH ______________________ sein
9. einen drei METER/LANGEN ______________________ Schal tragen
10. im STAUB/TROCKENEN ______________________ Sand wühlen
11. mehrere JAHRE/LANG ______________________ im Ausland verweilen
12. nach MONATE/LANGEM ______________________ Streit einig werden
13. TONNEN/WEISE ______________________ Lebensmittel spenden
14. eine TOD/ERNSTE ______________________ Miene machen
15. eine SONNEN/ARME ______________________ Gegend
16. eine BRAND/NEUE ______________________ Meldung verbreiten
17. gegen HITZE/BESTÄNDIG ______________________ sein
18. ein HITZE/BESTÄNDIGES ______________________ Material
19. GELD/GIERIGE ______________________ Menschen verabscheuen
20. nach GELD/GIERIG ______________________ sein

Kontrolle und Ergebnis

Von den 20 Wortgruppen sind ______ richtig. Multipliziere die Zahl der richtigen Schreibungen mit 5.

Das ergibt ______ %.

39 Zusammensetzungen aus zwei Adjektiven

Mehrteilige Adjektive werden zusammengeschrieben, wenn
- einer der beiden Bestandteile in dieser Form nicht vorkommt, zB *mehrdeutig;*
- die beiden Adjektive gleichrangig sind, zB *blaugrau;*
- der 1. Teil bedeutungsverstärkend oder -abschwächend ist, zB *bitterkalt.*

Mehrteilige Adjektive werden getrennt geschrieben, wenn
- der 1. Teil auf *-ig, -isch, -lich* endet, zB *schrecklich nervös;*
- der 1. Teil ein Mittelwort (Partizip) ist, zB *gestochen scharf.*

Ist der 1. Teil ein ungebeugtes Adjektiv, ist Getrennt- und Zusammenschreibung möglich, zB *schwer erziehbar/schwererziehbar.*

Überlege und schreibe die Fügung, die in Blockschrift gedruckt ist, auf.

1. ein LEICHT/GLÄUBIGER ______ Mensch
2. ein SUPER/KLUGES ______ Mädchen
3. ein SCHWER/VERDAULICHES ______ Nachtmahl
4. ein DUNKEL/ROTES ______ Abendkleid
5. ein GEISTIG/NORMALER ______ Mensch
6. eine HELL/GRÜNE ______ Farbe
7. eine LAU/WARME ______ Suppe
8. ein LEICHT/ERREICHBARES ______ Ziel
9. ein BITTER/KALTER ______ Wintertag
10. ein RIESIG/GROSSES ______ Loch
11. ein FEUCHT/WARMES ______ Klima
12. ein SCHRECKLICH/NERVÖSES ______ Kind
13. eine LEICHT/VERDERBLICHE ______ Speise
14. ein KLEIN/KARIERTES ______ Papier
15. ein GROSS/ZÜGIGES ______ Geschenk
16. ein KNALLIG/ROTER ______ Sportwagen
17. ein GROSS/KARIERTER ______ Stoff
18. eine SUPER/SCHLAUE ______ Schülerin
19. ein KLEIN/LAUTER ______ Angeklagter
20. ein MÄSSIG/WARMER ______ Tag

Kontrolle und Ergebnis

Von den 20 Fügungen sind ______ richtig. Multipliziere die Zahl der richtigen Schreibungen mit 5.

Das ergibt ______ %.

40 Zusammensetzungen aus Adjektiv und Partizip

Partizipien werden vom 1. Teil getrennt, wenn das Verb, von dem es sich herleitet, getrennt geschrieben wird, zB *auswendig lernen* → *auswendig gelernt*.
Wird die Fügung als Attribut verwendet, kann wahlweise getrennt oder zusammengeschrieben werden, zB *das auswendig gelernte/auswendiggelernte Gedicht*.

Schreibe die Zusammensetzung in Blockschrift auf.

1. ein HART/GEKOCHTES ______________________ Ei bestellen
2. ein HELL/STRAHLENDER ______________________ Stern
3. der FREI/GESPROCHENE ______________________ Angeklagte
4. die KLEIN/ZU/SCHREIBENDEN ______________________ Adjektive
5. das DICHT/BEHAARTE ______________________ Fell
6. die GROSS/GESCHRIEBENEN ______________________ Substantive
7. ein MENSCHLICH/GEREIFTER ______________________ Kollege
8. eine HOCH/KONZENTRIERTE ______________________ Säure
9. ein HOCH/KONZENTRIERTER ______________________ Schüler
10. ein LEICHT/VERLETZTER ______________________ Autofahrer
11. der KLEIN/GESCHRIEBENE ______________________ Zusatztext
12. ein SCHWER/BEWAFFNETER ______________________ Räuber
13. die GUT/GESCHRIEBENE ______________________ Geldsumme
14. der SELIG/GESPROCHENE ______________________ Kaiser
15. die STILL/GELEGTEN ______________________ Bahnlinien
16. das HÄNDISCH/GESCHRIEBENE ______________________ Manuskript
17. der SCHWACH/BEVÖLKERTE ______________________ Staat
18. ein KLEIN/GEHACKTES ______________________ Holz
19. die LAUT/REDENDEN ______________________ Schüler
20. eine GUT/ZU/HEISSENDE ______________________ Aktion

Kontrolle und Ergebnis

Von den 20 Zusammensetzungen sind ______ richtig. Multipliziere die Zahl der richtigen Schreibungen mit 5. Das ergibt ______ %.

41 Zusammensetzungen aus Adjektiv und Verb

Wenn in einer Fügung aus Adjektiv und Verb beide Teile ihre wörtliche Bedeutung beibehalten, werden sie getrennt geschrieben, zB *den Aufsatz gut schreiben*.
Wenn eine Fügung aus Adjektiv und Verb eine neue Gesamtbedeutung (übertragene Bedeutung) ergibt, wird sie zusammengeschrieben, zB *den Geldbetrag gutschreiben (= als Guthaben anrechnen)*.

Führe die Erweiterungs- oder Steigerungsprobe durch und schreibe die Fügung auf.

1. einen Vogel FREI/LASSEN ______
2. einen Sessel für den Ehrengast FREI/LASSEN ______
3. den Mitarbeitern am 24. Dezember FREI/GEBEN ______
4. sich am Freitag FREI/NEHMEN ______
5. einen Geldbetrag GUT/SCHREIBEN ______
6. die Tat nicht GUT/HEISSEN ______
7. die Geschichte GUT/ERZÄHLEN ______
8. einen Geldbetrag GUT/HABEN ______
9. dem anderen etwas KLAR/MACHEN ______
10. mit der Situation KLAR/KOMMEN ______
11. dem anderen etwas KLAR/LEGEN ______
12. den Sachverhalt KLAR/STELLEN ______
13. bei Geldmangel KURZ/TRETEN ______
14. bei Produktionsüberschuss KURZ/ARBEITEN ______
15. sich beim Referat KURZ/FASSEN ______
16. einen Stromkreis KURZ/SCHLIESSEN ______
17. das Lenkrad FEST/HALTEN ______
18. an einem Plan FEST/HALTEN ______
19. einen Erfolg FEST/STELLEN ______
20. sich an einer Sache FEST/BEISSEN ______

Kontrolle und Ergebnis

Von den 20 Verbindungen sind ______ richtig. Multipliziere die Zahl der richtigen Schreibungen mit 5.

Das ergibt ______ %.

42 Verbindungen von Partikel und Verb

Grundsätzlich schreibt man diese Gefüge zusammen. Getrennt werden diese Verbindungen dann geschrieben, wenn die Partikel für eine Wortgruppe steht:
wieder *kommen* = ***noch einmal*** *kommen*.

Ein Trick: Betonst du die Partikel → Zusammenschreibung!
Betonst du das Verb oder beide Teile → Getrenntschreibung!

Führe die Proben durch und schreibe dann die Verbindungen auf.

1. immer wieder DARAN/SCHEITERN ______
2. endlich auch einmal DRAN/KOMMEN ______
3. alles DARAN/SETZEN ______
4. jemandem etwas DARAN/LIEGEN ______
5. sich zur Runde DAZU/GESELLEN ______
6. nicht mehr DAZU/KOMMEN ______
7. noch rechtzeitig DAZU/STOSSEN ______
8. jemandem DAZU/GRATULIEREN ______
9. nichts DAVON/HALTEN ______
10. sich DAVON/SCHLEICHEN ______
11. sich heimlich DAVON/STEHLEN ______
12. lange DAVON/TRÄUMEN ______
13. das Futter WIEDER/KÄUEN ______
14. den Mordfall WIEDER/AUFROLLEN ______
15. das Kapitel WIEDER/HOLEN ______
16. etwas immer WIEDER/TUN ______
17. noch WEITER/ÜBERLEGEN ______
18. das Ansuchen WEITER/LEITEN ______
19. sich lebenslang WEITER/BILDEN ______
20. den Schlagball WEITER/WERFEN ______

Kontrolle und Ergebnis

Von den 20 Verbindungen sind ______ richtig. Multipliziere die Zahl der richtigen Schreibungen mit 5.

Das ergibt ______ %.

43 SEIT DEM oder SEITDEM

Seitdem, trotzdem, nachdem, außerdem, indem ... sind Konjunktionen.
Seit dem, in dem, nach dem, außer dem, trotz dem (besser *des*) sind Gefüge aus Präposition und Artikel.

Schreibe das Gefüge richtig auf.

1. SEIT/DEM ______________ 1. April warte ich auf eine Antwort.
2. AUSSER/DEM ______________ hat er nicht die Wahrheit gesagt.
3. Ich ging heim, NACH/DEM ______________ ich eine Stunde gewartet hatte.
4. AUSSER/DEM ______________ Schwerverletzten gab es keine Opfer.
5. SEIT/DEM ______________ wurden die Sicherheitsmaßnahmen verstärkt.
6. Er machte einen guten Eindruck, IN/DEM ______________ er freundlich grüßte.
7. Er ist SEIT/DEM ______________ letzten Urlaub ein neuer Mensch.
8. Er hatte AUSSER/DEM ______________ nichts daraus gelernt.
9. Er betrat das Stadion, IN/DEM ______________ das Finalspiel stattfand.
10. Er macht NACH/DEM ______________ Mittagessen immer ein Schläfchen.
11. NACH/DEM ______________ das Spiel geendet hatte, strömten die Zuschauer ab.
12. Felix schoss ein Tor, IN/DEM ______________ er die Verteidiger überlistete.
13. SEIT/DEM ______________ Anpfiff hat Stürmer L. noch keinen Ball berührt.
14. NACH/DEM ______________ Schlusspfiff kam es zu Unsportlichkeiten.
15. AUSSER/DEM ______________ Schiedsrichter verhielten sich alle unfair.
16. TROTZ/DEM ______________ Eingreifen des Schiedsrichters gab es eine Rauferei.
17. Die Situation beruhigte sich, IN/DEM ______________ der Ordnerdienst eingriff.
18. TROTZ/DEM ______________ waren einige Streithähne nicht zu besänftigen.
19. NACH/DEM ______________ sich die Spieler geduscht hatten, beruhigte sich alles.
20. SEIT/DEM ______________ verhängt der Club für Unsportlichkeiten Disziplinarstrafen.

Kontrolle und Ergebnis

Von den 20 Verbindungen sind ______ richtig. Multipliziere die Zahl der richtigen Schreibungen mit 5.

Das ergibt ______ %.

44 Verbindungen mit *zu*

Zusammenschreibung: zu + Verb sind ein Begriff → *die Tür zusperren*. Betonung auf *zu*!
Getrenntschreibung: Nennform mit *zu* → *gezwungen sein, die Straße zu sperren.*
zu als eigenständiges Wort → *viel zu lange ausbleiben.*
Für Gefüge zwischen *zu* + Substantiv gilt die Doppelschreibung: *zu Hause* = *zuhause.*

Schreibe die Gefüge mit *zu* auf.

1. Er wollte nicht länger ZU/SCHAUEN ______________________ .
2. Er vergaß(,) nach beiden Seiten ZU/SCHAUEN ______________________ .
3. Sie bat(,) die Tür nicht ZU/ZU/MACHEN ______________________ .
4. ZU/FRAGEN ______________________ wird doch noch erlaubt sein.
5. Die Firma wird ZU/GRUNDE ______________________ gehen.
6. Der Kellner vergaß(,) das Lokal ZU/ZU/SPERREN ______________________ .
7. Es war noch zu früh(,) über einen Sieg ZU/JUBELN ______________________ .
8. Gib Acht, dass das Türschloss nicht ZU/SCHNAPPT ______________________ .
9. Der Politiker vergaß nie(,) der Menge ZU/ZU/JUBELN ______________________ .
10. Es war ein Problem(,) die Begriffe richtig ZU/ZU/ORDNEN ______________________ .
11. Er fürchtet(,) damit nicht ZU/RANDE ZU/KOMMEN ______________________ .
12. ZU/GUNSTEN ______________________ der Flutopfer wurde reichlich gespendet.
13. Es war ihm nicht ganz wohl ZU/MUTE ______________________ .
14. Man wollte ihm die Belastung nicht ZU/MUTEN ______________________ .
15. Die Preiserhöhung geht ZU/LASTEN ______________________ der Verbraucher.
16. Das war niemandem ZU/ZU/MUTEN ______________________ .
17. Die ZU/GESPERRTE ______________________ Tür wurde gewaltsam aufgebrochen.
18. Das Geschäft ist in der Mittagspause ZU/GEWESEN ______________________ .
19. Sie hat in dieser Firma viel ZU/WENIG ______________________ verdient.
20. Viele Menschen sind in den letzten Jahren ZU/GEWANDERT ______________________ .

Kontrolle und Ergebnis

Von den 21 Gefügen sind ______ richtig. Multipliziere die Zahl der richtigen Schreibungen mit 4,8.

Das ergibt ______ %.

45 Verbindungen mit *so*

Zusammenschreibung: *so* ist fester Bestandteil einer Wortverbindung: *Sofern du willst, ...*
Getrenntschreibung: *so* ist ein eigenständiges Wort: *Es liegt noch so fern.*
So bedeutet etwa *in diesem Ausmaß.*
Ein Trick: Lass *so* weg. Ist der Satz dann noch stimmig? Wenn ja, ist das ein Zeichen für ein eigenständiges Wort → Getrenntschreibung.

Schreibe die Verbindungen mit *so* auf.

1. Wir fühlten uns in der frischen Gebirgsluft SO/WOHL ________ .
2. Es gab SO/WOHL ________ Fleisch als auch Vegetarisches.
3. SO/BALD ________ der Chef nicht da ist, wird weniger gearbeitet.
4. SO/WEIT ________ das Auge reicht, nichts als Sand!
5. Die Ferien sind noch SO/FERN ________ .
6. Er kommt nicht SO/BALD ________ von seiner Weltreise zurück.
7. Er war SO/ZU/SAGEN ________ der Verlierer.
8. SO/SEHR ________ er auch hofft, es gibt kein Wiedersehen.
9. Das war ein SO/GENANNTER ________ Lattenpendler.
10. SO/LANGE ________ die UNO-Soldaten dort waren, gab es Frieden.
11. SO/VIEL ________ ich weiß, gab es zum Glück keine Verletzten.
12. Sie hat SO/LANGE ________ bei der Caritas gedient.
13. Er weiß SO/VIEL ________ über Land und Leute.
14. SO/FERN ________ du Zeit hast, komm doch mit!
15. Das habe ich SO/WIE/SO ________ vorausgeahnt.
16. Er ist SO/WIE ________ alle seine Freunde.
17. Ich bin SO/SEHR ________ beschäftigt, dass ich nicht mitkommen kann.
18. SO/WIE ________ die Sonne versinkt, wird es kühl.
19. SO/SEHR ________ ich dich bedauere, ich weiß keine Lösung.
20. Ich habe SO/ETWAS ________ vorher noch nicht erlebt.

Kontrolle und Ergebnis

Von den 20 Fügungen sind ____ richtig. Multipliziere die Zahl der richtigen Schreibungen mit 5.

Das ergibt ____ %.

46 Der Bindestrich in Zusammensetzungen

Zusammensetzungen kann man mit einem Bindestrich verbinden, wenn
- drei gleiche Buchstaben an der Wortfuge zusammentreffen: *Schlosssaal = Schloss-Saal;*
- das Wort sehr lang und unübersichtlich ist: *Straßenbahnhaltestelle = Straßenbahn-Haltestelle.*

Schreibe die Wörter in der Variante mit einem Bindestrich auf.

1. der Schlusssatz ______________________
2. das Softwaresonderangebot ______________________
3. die Autobushaltestelle ______________________
4. im Schritttempo ______________________
5. die Lottoannahmestelle ______________________
6. die Stalllaterne ______________________
7. das Ultraschallmessgerät ______________________
8. die Tischtennisweltmeisterschaft ______________________
9. das Minigolfmeisterschaftsspiel ______________________
10. die Bassstimme ______________________
11. der Geschirrreiniger ______________________
12. die Computerverkaufsausstellung ______________________
13. die Kaffeeernte ______________________
14. die Donaudampfschifffahrtsgesellschaft ______________________
15. die Hawaiiinseln ______________________
16. der Arbeiterunfallversicherungsschutz ______________________
17. das Haushaltmehrzweckküchengerät ______________________
18. die Schifffahrt ______________________
19. der Schrotttransport ______________________
20. der Kamptalkulturpark ______________________

Kontrolle und Ergebnis

Von den 20 Bindestrichvarianten sind ______ richtig. Multipliziere die Zahl der richtigen Schreibungen mit 5. Das ergibt ______ %.

47 Verbindungen mit Einzelbuchstaben, Ziffern, Abkürzungen

Einzelbuchstaben, Ziffern und Abkürzungen werden durch Bindestriche mit anderen Wörtern verbunden.
Zwischen einer Ziffer und einer Nachsilbe setzt man keinen Bindestrich: *100%ig.*
Zusammensetzungen aus Ziffer + *-fach* können wahlweise mit oder ohne Bindestrich geschrieben werden: *20fach/20-fach.*

Schreibe die Verbindungen in der korrekten Form in Schreib- oder Druckschrift auf.

1. 14JÄHRIG ______________________
2. das UNOHAUPTQUARTIER ______________________
3. das 100FACHE ______________________
4. ein 30TONNER ______________________
5. 40PROZENTIG ______________________
6. die FUSSBALLWM ______________________
7. die KfzWERKSTÄTTE ______________________
8. der iPUNKT ______________________
9. das DATIVn ______________________
10. die XBEINE ______________________
11. die 80ER Jahre ______________________
12. ein VAUSSCHNITT ______________________
13. ein 14JÄHRIGER ______________________
14. ein 2:2 UNENTSCHIEDEN ______________________
15. die CDROM ______________________
16. der UKWSENDER ______________________
17. eine 1000STEL Sekunde ______________________
18. die LUNGENTbc ______________________
19. ein 8ZYLINDER ______________________
20. 10MAL ______________________

Kontrolle und Ergebnis

Von den 20 Fügungen sind ______ richtig. Multipliziere die Zahl der richtigen Schreibungen mit 5. Das ergibt ______ %.

48 Mehrere Bindestriche zwischen Verbindungen

Wird eine Wortgruppe mit Bindestrich, zB *A-Dur*, mit einem weiteren Wort zusammengesetzt, zB *A-Dur-Tonleiter*, setzt man zwischen allen Bestandteilen einen Bindestrich.

Schreibe die Zusammensetzungen in der korrekten Form in Druck- oder Schreibschrift auf.

1. im 3/4TAKTRHYTHMUS ____________________
2. das CDROMLAUFWERK ____________________
3. eine 5EUROBANKNOTE ____________________
4. in der UBAHNSTATION ____________________
5. die 1000JAHRFEIER ____________________
6. eine 40STUNDENWOCHE ____________________
7. der 400mLAUF ____________________
8. das LUNGENTbcRÖNTGEN ____________________
9. das FUSSBALLWMBÜRO ____________________
10. der KfzWERKSTÄTTENLEITER ____________________
11. die LKWCHAUFFEURAUSBILDUNG ____________________
12. ein 6ZYLINDERMOTOR ____________________
13. eine 4ZIMMERWOHNUNG ____________________
14. VITAMINBHALTIG ____________________
15. das MORGENMAKEUP ____________________
16. das SBAHNNETZ ____________________
17. eine 2CENTMÜNZE ____________________
18. die VIPCLUBSITZUNG ____________________
19. ein 12STUNDENTAG ____________________
20. im ERSTEKLASSEABTEIL ____________________

Kontrolle und Ergebnis

Von den 20 Verbindungen sind _____ richtig. Multipliziere die Zahl der richtigen Schreibungen mit 5.

Das ergibt _____ %.

49 Rechtschreibtoto

Tipp 1 = Zusammenschreibung
Tipp 2 = Getrenntschreibung
Tipp x = Getrenntschreibung mit Bindestrich

Wie müssen die Gefüge (in Blockschrift gedruckt) geschrieben werden? Gib deine Tipps ab.

	TIPP
beim SEGEL/FLIEGEN	
BOCK/SPRINGEN	
RAD/FAHREND	
etwas KLAR/STELLEN	
SCHMERZ/ERFÜLLT	
SELIG/SPRECHEN	
UWK/SENDER	
ZU/GEWANDERT	
die SO/GENANNTE 3. Welt	
SO/FERN er kommt, ...	
40PROZENTIGER Alkohol	
BRUCH/RECHNEN	

	TIPP
daraus SCHLUSS/FOLGERN	
die NOT/LEIDENDE Frau	
RUF/SCHÄDIGEND	
LEICHT/VERDAULICH	
UNO/GENERALSEKRETÄR	
TREUE/SCHWÖREND	
im RÜCKEN/SCHWIMMEN	
HART/GEKOCHTE Eier	
den Dieb FEST/NEHMEN	
sich SO/SEHR freuen	
in der UBAHN	
WACHE/HALTEN	

Kontrolle und Ergebnis

Von den 24 Tipps sind _____ richtig. Multipliziere die Zahl der richtigen Tipps mit 4,2.

Das ergibt _____ %.

50 t oder z

Der Laut *ts* wird in Fremdwörtern als *t*, aber auch als *z* geschrieben. Oft ist es hilfreich, wenn man an das Grundwort denkt: *finanziell*, ich denke an *Finanz*.

Sprich die Lückenwörter. Überlege und setze t oder z ein. Suche im Wörterbuch zu dem Fremdwort ein verwandtes Wort und schreibe es auf.

1. die Frau Kommer___ialrat herzlich begrüßen ______________________
2. eine par___ielle Sonnenfinsternis beobachten ______________________
3. eine finan___ielle Einbuße in Kauf nehmen ______________________
4. den Sommerurlaub in Kroa___ien verbringen ______________________
5. eine infek___iöse Krankheit behandeln lassen ______________________
6. eine spe___ielle Maschine konstruieren ______________________
7. drei Por___ionen Apfelstrudel verschlingen ______________________
8. das defekte Differen___ialgetriebe reparieren ______________________
9. die Strafsank___ionen gegen Schuldlose verurteilen ______________________
10. eine Ini___ialzündung auslösen ______________________
11. ein interna___ionales Fußballspiel übertragen ______________________
12. das chemische Element Sili___ium mit Si bezeichnen ______________________
13. einen Pen___iumcomputer anschaffen — kein verwandtes Wort im WB
14. die Produk___ion wieder aufnehmen ______________________
15. einen substan___iellen Verlust hinnehmen ______________________
16. die Infla___ionsrate abgelten ______________________
17. den Titel „Offi___ial" verleihen ______________________
18. einen offi___iellen Antrag stellen ______________________
19. die Inseln Mauri___ius besuchen — kein verwandtes Wort im WB
20. eine effi___iente Übung machen ______________________

Kontrolle und Ergebnis

Von den 20 Ergänzungen sind ______ richtig. Von den 18 verwandten Wörtern sind ______ korrekt.

Von den insgesamt 38 Aufgaben sind also ______ richtig gelöst. Multipliziere die Zahl der richtigen Lösungen mit 2,6.

51 Schreibungen mit CA – KA – CU – CO – CHA

Für die Lautverbindung [ka] steht in Fremdwörtern am Wortanfang:
KA in *Kapazität*, CA in *Casino*, CU in *Cup*, CO in *Covergirl*, CHA in *Charakter*.

Sprich zunächst die Lückenwörter. Ergänze die Wortanfänge. Schreibe dann nach der Kontrolle mit dem Lösungsheft das ganze Wort richtig auf.

1. beim Boxen ein tiefes ____t bekommen ________________
2. den ____raokesänger stürmisch feiern ________________
3. eine schlechte ____verversion kaufen ________________
4. ein verheerendes ____os auslösen ________________
5. eine ____mberlandsoße zu Wild servieren ________________
6. ein erfolgreiches ____meback feiern ________________
7. einen Videofilm ____tten ________________
8. die ____rta der Vereinten Nationen ________________
9. von ____otischen Zuständen berichten ________________
10. die Farbe wie ein ____mäleon wechseln ________________
11. den Beruf einer ____tterin erlernen ________________
12. die ____verstory lesen ________________
13. vor dem Feind ____pitulieren ________________
14. den ____ssettenrekorder reparieren ________________
15. das ____pspiel in letzter Sekunde gewinnen ________________
16. eine ____kifärbige Uniform tragen ________________
17. im ____jakeiner eine Olympiamedaille gewinnen ________________
18. mit einem ____terpillar den Boden planieren ________________
19. einen ____lypso tanzen ________________
20. einen ____ppuccino bestellen ________________

Kontrolle und Ergebnis

Von den 20 Ergänzungen sind ____ richtig. Multipliziere die Zahl der richtigen Ergänzungen mit 5.

Das ergibt ____ %.

52 SH, G, SCH oder CH am Wortanfang

Für den Anfangslaut *sch* gibt es in Fremdwörtern die Schreibweisen mit SH, G, SCH oder CH.

Sprich das Wort und ergänze den Wortanfang. Schreibe das ganze Fremdwort mit dem Artikel (wenn es sich um ein Substantiv handelt) noch einmal auf.

1. eine ____ow abziehen ____________________
2. an ____izophrenie leiden ____________________
3. einen ____icken Hut tragen ____________________
4. ein Auto ____auffieren ____________________
5. sich als ____enie fühlen ____________________
6. den ____irokko als angenehm empfinden ____________________
7. keinen ____ic beim Anziehen haben ____________________
8. zu Frauen ____armant sein ____________________
9. ein ____oppingcenter besuchen ____________________
10. sich zur ____ickeria zählen ____________________
11. den ____ef verständigen ____________________
12. einen Pullover aus ____etlandwolle tragen ____________________
13. einen ____uttledienst einrichten ____________________
14. einen ____aschlik braten ____________________
15. sich zu Tode ____enieren ____________________
16. einen ____eriffstern tragen ____________________
17. ein ____ampoo gegen trockenes Haar verwenden ____________________
18. ein ____irokonto eröffnen ____________________
19. als ____ootingstar gefeiert werden ____________________
20. einen ____ampagner trinken ____________________

Kontrolle und Ergebnis

Von den 20 Entscheidungen sind ____ richtig. Multipliziere die Zahl der richtigen Entscheidungen mit 5. Das ergibt ____ %.

53 Schreibungen mit C – CH – G – J

Für den Anfangslaut [dsch/tsch] gibt es in Fremdwörtern die Schreibung mit C, CH, G oder J.

Sprich jedes Lückenwort aus. Setze dann das fehlende Schriftzeichen ein. Schreibe nach der Kontrolle mit dem Lösungsheft das ganze Wort richtig auf.

1. das ____ello stimmen ____________
2. in der ____ampions League vertreten sein ____________
3. nach ____ile auswandern ____________
4. den ____in aus Wacholderbeeren destillieren ____________
5. die ____eckliste genau überprüfen ____________
6. mit Partnern in der ganzen Welt ____atten ____________
7. mit einer ____ipkarte bezahlen ____________
8. abgerissene ____eans am liebsten tragen ____________
9. ein ____entleman vom Scheitel bis zur Sohle ____________
10. den ____oker leider nicht angekreuzt haben ____________
11. einen ____eeseburger bestellen ____________
12. täglich durch den Park ____oggen ____________
13. mit einem ____eep im Gelände fahren ____________
14. das ____embalo mit Gefühl spielen ____________
15. in die ____ukebox Münzen einwerfen ____________
16. nach Amerika ____etten ____________
17. einen ____uice aus Orangen pressen ____________
18. leider noch keinen fixen ____ob haben ____________
19. in einer ____azzkapelle spielen ____________
20. einen ____a-____a-____a tanzen ____________

Kontrolle und Ergebnis

Von den 20 Fremdwörtern sind ____ richtig ergänzt. Multipliziere die Zahl der richtigen Wörter mit 5.

Das ergibt ____ %.

54 Gleiche Wortanfänge und Wortenden

Fremdwörter erkennst du oft schon an den Wortanfängen bzw. auch an charakteristischen Wortenden.

Suche im Wörterbuch mindestens ein Wort mit dem vorgegebenen Wortanfang und Wortende. Bei manchen Wortanfängen und Wortenden kommen mehrere Wörter in Frage.

1. Zy ______ us
2. Spe ______ ion
3. de ______ iv
4. Ph ______ er
5. De ______ at
6. Kom ______ ion
7. Th ______ ie
8. Rh ______ us
9. Qu ______ tät
10. Th ______ er
11. Ph ______ or
12. Hy ______ ie
13. Vi ______ thek
14. ca ______ en
15. my ______ isch
16. dis ______ ieren
17. Zy ______ er
18. Sou ______ ir
19. Kol ______ ion
20. pro ______ ieren

Kontrolle und Ergebnis

Von den mindestens 20 Wörtern sind ______ richtig. Multipliziere die Zahl der richtigen Wörter mit 5. Das ergibt ______ %.

55 Wortenden -et/-ett/-el/-ell

Etliche Fremdwörter enden auf die Kombinationen *-et* oder *-ett*, *-el* oder *-ell*.

Setze die fehlende Endung ein. Schreibe nach der Kontrolle mit dem Lösungsheft das ganze Wort noch einmal auf.

1. ein reichliches Buff____ anbieten ____________________
2. das Etik____ genau durchlesen ____________________
3. die Linie parall____ verschieben ____________________
4. zwei Computersysteme kompatib____ machen ____________________
5. bis auf das Skel____ abgemagert sein ____________________
6. eine Hyperb____ konstruieren ____________________
7. das Alphab____ aufsagen können ____________________
8. sich kompl____ geirrt haben ____________________
9. einen runden Garten als Rond____ bezeichnen ____________________
10. eine Schnur zu einer Kord____ drehen ____________________
11. das Budg____ planen ____________________
12. in einem berühmten Ball____ tanzen ____________________
13. ein gesundes Natur____ besitzen ____________________
14. die Preise variab____ halten ____________________
15. ein Bill____ zum Geburtstag schicken ____________________
16. zu dem Vorfall diskr____ schweigen ____________________
17. die Handlung als krimin____ einstufen ____________________
18. das Cabriol____ pflegen ____________________
19. die Tat als ide____ bezeichnen ____________________
20. die Gäste offizi____ begrüßen ____________________

Kontrolle und Ergebnis

Von den 20 Wortenden sind ______ richtig. Multipliziere die Zahl der richtigen Wortenden mit 5.

Das ergibt ____ %.

56 Fremdwörter mit c

Das C ist ein Signal für ein Fremdwort. Es kann in einem Wort verschieden ausgesprochen werden: als k in *der **C**ode*, als s in *das **C**enter*, als ts in ***c**irca* oder als tsch in *das **C**ello*.

Setze die fehlenden Buchstaben ein. Sprich das Wort aus und schreibe in die eckige Klammer, wie du den Buchstaben aussprichst. Schreibe zum Schluss das ganze Wort mit dem Artikel auf. Verwende bei Unsicherheiten das Wörterbuch.

1. sich bei 20 Grad ____elsius [ ] wohl fühlen ____________
2. manchmal einen ____lown [ ] spielen ____________
3. ein Einkaufs____enter [ ] besuchen ____________
4. einen Cappu____ino [ ] bestellen ____________
5. mit A____eton [ ] reinigen ____________
6. keine Chan____e [ ] haben ____________
7. etwas in den ____ontainer [ ] werfen ____________
8. nach ____eylon [ ] fliegen ____________
9. Gewalt in ____omi____s [ ] ablehnen ____________
10. in die ____ity [ ] einkaufen fahren ____________
11. im ____asino [ ] ein Vermögen verspielen ____________
12. keinen ____ent [ ] in der Geldbörse haben ____________
13. gerne ____evap____i____i [ ] essen ____________
14. einen ____D-Player [ ] besitzen ____________
15. das Auto zum Servi____e [ ] bringen ____________
16. die ganze ____rew [ ] vermissen ____________
17. jemandem ____iao [ ] sagen ____________
18. den Feldherrn und Kaiser ____äsar [ ] kennen ____________
19. eine Annon____e [ ] aufgeben ____________
20. eine ernste Sache zu einer Far____e [ ] machen ____________

Kontrolle und Ergebnis

Von den 43 Eintragungen sind ____ richtig. Von den 20 Fremdwörtern sind ____ richtig geschrieben.

Von den insgesamt 63 Entscheidungen sind also ____ richtig. Multipliziere die Zahl der richtigen Entscheidungen mit 1,6. Das ergibt ____ %.

57 Fremdwörter mit ea, ee, ye, ey und y

Der i-Laut wird in Fremdwörtern als *ea* in *die **Lea**singrate*, als *ee* in *das **Fee**dback*, als *ye* in *der Rall**ye**fahrer*, als *ey* in *der Hock**ey**sport*, als *y* in *die Lobb**y*** geschrieben.

Lies laut. Setze die fehlenden Buchstaben ein. Schreibe zum Schluss das Wort mit dem Artikel auf.

1. auf einem Pon____ reiten ____________________
2. einen Ch____seburger bestellen ____________________
3. eine Frisb____scheibe wegschleudern ____________________
4. ein Auto L____sen ____________________
5. von einem Rowd____ belästigt werden ____________________
6. einen Evergr____n gerne hören ____________________
7. bei einer Rall____ verunglücken ____________________
8. das W____kend auf dem Land verbringen ____________________
9. auf dem K____board begleitet werden ____________________
10. ein teures Hobb____ haben ____________________
11. auf ein positives F____dback warten ____________________
12. Bilder an die Wand b____men ____________________
13. ein K____psmiling aufsetzen ____________________
14. den Bandl____der persönlich kennen ____________________
15. eine große Lad____ spielen ____________________
16. ein tolles F____ling verspüren ____________________
17. gerne B____chvoll____ball spielen ____________________
18. beim Bark____per einen Drink bestellen ____________________
19. die Lampe des B____mers auswechseln ____________________
20. den Weltmeistertitel im Eishock____ gewinnen ____________________

Kontrolle und Ergebnis

Von den 21 Eintragungen sind ____ richtig. Von den 20 Fremdwörtern sind ____ richtig aufgeschrieben.

Von den insgesamt 41 Entscheidungen sind also ____ richtig. Multipliziere die Zahl der richtigen Entscheidungen mit 2,4. Das ergibt ____ %.

58 Fremdwörter mit ou oder oo

Der u-Laut wird in Fremdwörtern manchmal als ***ou***, zB in *die T**ou**r*, manchmal als ***oo***, zB in *c**oo**l*, geschrieben.

Lies laut. Ergänze die Lückenwörter. Schreibe dann das Fremdwort mit dem Begleiter auf.

1. mit M____nb____ts durch den Schnee stapfen ____________
2. ein S____venirgeschäft betreten ____________
3. den J____rnalisten aus der Geiselhaft befreien ____________
4. einen L____ping drehen ____________
5. die Hürde s____verän meistern ____________
6. ein leichtes Plus im T____rismus verzeichnen ____________
7. den Sh____tingstar auf der Titelseite abbilden ____________
8. eine B____tique eröffnen ____________
9. die T____r de France überlegen gewinnen ____________
10. den Hollyw____d-Star zum G____verneur wählen ____________
11. sich im Chatr____m einloggen ____________
12. einen B____m mit Tatt____s erkennen ____________
13. sich im Whirlp____l entspannen ____________
14. etwas mit R____tine brav____rös meistern ____________
15. den C____sin im Sommer besuchen ____________
16. über Cart____ns von Manfred Deix schmunzeln ____________
17. etwas mit einem Z____mobjektiv fotografieren ____________
18. bei einer Patr____ille der Polizei ins Netz gehen ____________
19. ein Fastf____d-Restaurant besuchen ____________
20. sich mit den T____ls eines Computers zurechtfinden ____________

Kontrolle und Ergebnis

Von den 24 Ergänzungen sind ____ richtig. Von den 23 Fremdwörtern sind ____ richtig geschrieben.

Von den insgesamt 47 Entscheidungen sind also ____ richtig. Multipliziere die Zahl der richtigen

Entscheidungen mit 2,1. Das ergibt ____ %.

59 Fremdwörter mit -ir oder -ier

Die Endung -ir wird in manchen Fremdwörtern als *-ir*, zB in *der Fak**ir***, in manchen als *-ier*, zB in *das Klav**ier***, geschrieben.

Lies laut. Ergänze die Lückenwörter. Schreibe dann das Fremdwort mit dem Artikel auf.

1. ein Schnitzel mit einer knusprigen Pan_____ bestellen _______________
2. ein Kaval_____ der alten Schule sein _______________
3. einen Kef_____ zum Frühstück zubereiten _______________
4. von einem blutrünstigen Vamp_____ träumen _______________
5. in überlegener Man_____ gewinnen _______________
6. die Fontänen eines Geys_____s fotografieren _______________
7. ein Notquart_____ beziehen _______________
8. die Künste eines Fak_____s bestaunen _______________
9. zum Empfang ein Spal_____ bilden _______________
10. den Täter im Vis_____ haben _______________
11. den Em_____ aus Arabien empfangen _______________
12. den Gegenpunkt zum Zenit als Nad_____ bezeichnen _______________
13. einen Kur_____ mit einer Geheimnachricht entsenden _______________
14. ein kaputtes Scharn_____ austauschen _______________
15. einige Souven_____s von der Reise mitbringen _______________
16. einen Ring mit einem Saph_____ verlieren _______________
17. einen Offiz_____ zum Brigad_____ befördern _______________
18. dem Hotelport_____ ein Trinkgeld geben _______________
19. den Wes_____ des Sultans bestechen _______________
20. an einem Turn_____ teilnehmen _______________

Kontrolle und Ergebnis

Von den 21 Eintragungen sind _____ richtig. Von den 21 Fremdwörtern sind _____ richtig geschrieben.

Von den insgesamt 42 Entscheidungen sind also _____ richtig. Multipliziere die Zahl der richtigen Entscheidungen mit 2,4. Das ergibt _____ %.

60 Fremdwörter mit i, igh, y und ai

In Fremdwörtern wird der ei-Laut verschieden geschrieben: *i* in *Insider*, *igh* in *Cola* ***light***, *y* in *der* ***Hy****perlink*, *ai* in *das Em****ai****lgeschirr*.

Lies laut. Ergänze die Lückenwörter. Schreibe dann das Fremdwort mit dem Artikel auf.

1. 1024 Megab____te als Gigab____te bezeichnen __________
2. mit einem Copyr____t vor Raubkopien schützen __________
3. die P____pel____ne vor Anschlägen schützen __________
4. in einem N____tclub als Kellner arbeiten __________
5. durch einen T____fun zu Schaden kommen __________
6. eine L____vesendung ausstrahlen __________
7. Schiwettbewerbe im Freest____le veranstalten __________
8. durch Rec____cling wertvolle Rohstoffe sparen __________
9. das H____l____fe nicht auf Dauer verkraften __________
10. den Angelhaken an einen N____lonfaden binden __________
11. als Ins____der der H____-Society-Szene __________
12. mit dem Mountainb____ke unterwegs sein __________
13. einen Datenh____way installieren __________
14. mit einem Fl____er für das Konzert werben __________
15. eine Med____lle für Fairness erhalten __________
16. das Parkproblem mit Park-and-r____de entschärfen __________
17. mit einem F____nel____ner besonders schön schreiben __________
18. sich im Finale einen tollen F____t liefern __________
19. bis ins kleinste Det____l planen __________
20. C____bersex für Jugendliche verbieten __________

Kontrolle und Ergebnis

Von den 25 Ergänzungen sind ____ richtig. Von den 22 Fremdwörtern sind ____ richtig geschrieben.

Von den insgesamt 47 Entscheidungen sind also ____ richtig. Multipliziere die Zahl der richtigen

Entscheidungen mit 2,1. Das ergibt ____ %.

61 Fremdwörter mit kk, zz, bb, gg

Wörter mit *kk* oder *zz* sind stets Fremdwörter. Die Doppelkonsonanten *bb* oder *gg* kommen sowohl in deutschen Wörtern als auch in Fremdwörtern vor.

Lies laut. Ergänze die Lücken. Schreibe dann das Fremdwort mit dem Begleiter auf.

1. ein Clu____ing für Jugendliche veranstalten ________________
2. sich in ein Netz einlo____en ________________
3. die Nummer der Versicherungspoli____e angeben ________________
4. den A____usativ eines Substantivs bilden ________________
5. am Ja____-Festival teilnehmen ________________
6. den Boden mit einem Ba____er planieren ________________
7. einen prickelnden Fri____ante servieren ________________
8. Drogenhändler bei einer Ra____ia verhaften ________________
9. durch Mo____ing Freude an der Arbeit verlieren ________________
10. zusätzliche Wa____ons anhängen ________________
11. se____anten Menschen aus dem Weg gehen ________________
12. die Dächer von Ni____a ski____ieren ________________
13. zur Musik eines A____ordeons tanzen ________________
14. den leeren A____umulator aufladen ________________
15. gelegentlich im Gastgewerbe jo____en ________________
16. das neue Sa____o gerne tragen ________________
17. den verheerenden Bli____ard überleben ________________
18. einen neuen Jo____inganzug probieren ________________
19. den Sa____at als jüdischen Ruhetag feiern ________________
20. in der Pi____eria Spagetti bestellen ________________

Kontrolle und Ergebnis

Von den 21 Eintragungen sind ____ richtig. Von den 21 Fremdwörtern sind ____ richtig geschrieben.

Von den insgesamt 42 Entscheidungen sind also ____ richtig. Multipliziere die Zahl der richtigen Entscheidungen mit 2,4. Das ergibt ____ %.

62 Wortanfänge HYB-, HYD-, HYG-, HYM- HYP-, HYS-

HYB-, HYD-, HYG-... sind Wortbausteine aus dem Griechischen. Fremdwörter mit altgriechischer Herkunft beginnen oft mit diesen Bausteinen.

Lies laut. Ergänze die Lückenwörter. Schreibe dann das Fremdwort mit dem Artikel auf.

1. eine ______othese aufstellen und überprüfen ______________________
2. ein ______ermodernes Freizeitzentrum schaffen ______________________
3. eine ______raulische Weinpresse anschaffen ______________________
4. eine ______erbel konstruieren ______________________
5. den Schlauch an einen ______ranten anschließen ______________________
6. die Luftfeuchtigkeit mit einem ______rometer messen ______________________
7. zuerst die ______otenuse eines Dreiecks zeichnen ______________________
8. den eingebildeten Kranken ______ochonder nennen ______________________
9. das ______ozentrum des Erdbebens orten ______________________
10. Zimmerpflanzen als ______rokultur züchten ______________________
11. den Kredit mit einer ______othek absichern ______________________
12. einen ______eraktiven Menschen beruhigen ______________________
13. die Bundes______ne bei der Siegerehrung abspielen ______________________
14. die Verbindung von Texten als ______erlink bezeichnen ______________________
15. die ______raulik einer Presse reparieren ______________________
16. einen ______terischen Anfall bekommen ______________________
17. die ______ienischen Zustände im Lager verbessern ______________________
18. mit einem ______ridauto Treibstoff sparen ______________________
19. einen Menschen ______notisieren ______________________
20. eine Massen______terie befürchten ______________________

Kontrolle und Ergebnis

Von den 20 Ergänzungen sind ______ richtig. Von den 20 Fremdwörtern sind ______ richtig geschrieben.

Von den insgesamt 40 Entscheidungen sind also ______ richtig. Multipliziere die Zahl der richtigen Entscheidungen mit 2,5. Das ergibt ______ %.

63 Integrierte Schreibungen bei Fremdwörtern

Fremdwörter werden laufend in unsere Sprache integriert. Die Schreibung wird ganz oder teilweise der Schreibung deutscher Wörter angepasst: *Bureau* → *Büro*.

Schreibe die integrierte Form auf. Verwende dabei das Wörterbuch.

1. Mayonnaise ______________
2. Saxophon ______________
3. Sauce ______________
4. Myrrhe ______________
5. Joghurt ______________
6. Sketch ______________
7. Cousine ______________
8. Panther ______________
9. Discosound ______________
10. Polonaise ______________
11. Bouquet ______________
12. Ghetto ______________
13. Ketchup ______________
14. Papiermache ______________
15. Kommunique ______________
16. todchic ______________
17. Katarrh ______________
18. Calcium ______________
19. Tunell ______________
20. shampoonieren ______________
21. Chauffeur ______________
22. Friseur ______________
23. Coupon ______________
24. Thunfisch ______________
25. Delphin ______________
26. Drainage ______________
27. Orthographie ______________
28. Spaghetti ______________
29. Hautcreme ______________
30. Nougat ______________
31. Boutique ______________
32. Geographie ______________
33. Phantasie ______________
34. Checkkarte ______________
35. Ohrclips ______________
36. cremig ______________
37. Differentialgetriebe ______________
38. Cabaret ______________
39. Photograph ______________
40. bravourös ______________

Kontrolle und Ergebnis

Von den 40 integrierten Schreibungen sind ______ richtig. Multipliziere die Zahl der richtigen Schreibungen mit 2,5. Das ergibt ______ %.

64 Rechtschreibtoto

Tipp 1 = richtig
Tipp 2 = falsch
Tipp x = richtig, aber es ist auch eine andere Variante möglich

Gib deine Tipps ab.

	TIPP
ein Weihnachtsbillett	
ein Balletttänzer	
ein Keyboard	
eine Ralley	
das Ketchup	
ein Hobby	
der Karokesänger	
chaotisch	
das Notquartir	
cremig	
der Thunfisch	
das Copyright	

	TIPP
im Eishockey	
ein Evergrean	
das Tunell	
die Tattoos	
ein Geysier	
die Leasingrate	
der Ceterpiller	
die Cousine	
der Rhombus	
der Teifun	
die Spagetti	
im Freestile	

Kontrolle und Ergebnis

Von den 24 Tipps sind ______ richtig. Multipliziere die Zahl der richtigen Tipps mit 4,2.

Das ergibt ______ %.

65 Fremdwörter-Test

Lies Satz für Satz. Ergänze in jeder Zeile die fünf Lücken. Kontrolliere dann mit dem Lösungsheft.

1. In der ___ampions L___gue sollte es auch Medai___en für F___rne___ geben.
2. Unter den F___ns brach eine H___sterie aus, weil die Bo___er so un___air f___teten.
3. Am W___kend wechseln gestre___te Mana___er das Sa___o mit einem Jo___inganzug.
4. Das spe___ielle Differen___ialgetriebe des Milit___rj___ps war irrep___rabel.
5. Der Pullo___er aus ___etl___ndwolle war chi___ und sensa___ionell billig.
6. Eine fi___e ___obzusage gab dem Bark___per ein komple___ gutes F___ling.
7. Eishock___ und Rall___s sind e___tr___m harte Sportdi___ziplinen.
8. C___lness und K___psm___ling sind für Ka___ieren im B___siness entscheidend.
9. Bea___voll___ball zählt zu den Hi___s der sporti___en Ki___s von heute.
10. Die ___azzmusiker freuen sich über ein positi___es F___db___ck der F___ns.
11. Ein Plu___ im T___rismus ist für Rest___rantbesitzer und Hotel___s erfreulich.
12. Mit R___tine kann man auch or___ogra___ische Pro___leme brav___rös meistern.
13. Spa___etti, Pi___a und Ch___seb___rger sind im Angebot vieler Fastf___d-Ketten.
14. Bei einer Ra___ia brachte die Patr___ille einige Gano___en ins Ko___i___ariat.
15. In der ___ity wurde eine B___ti___e für S___ven___rs eröffnet.
16. Sie beherrschte s___ver___n die Konstruk___ion von ___ombus und H___perbel.
17. Zur Di___erta___ion bekam der Doktoran___ zahlreiche Bi___e___s.
18. Die Infla___ionsrate lag o___izie___ unter drei ___ro___ent.
19. In der ___ino___ek lagern e___ze___ente Weine und Desti___ate.
20. Die H___drauli___ des Ba___ers funk___ionierte auch nach der Rep___ratur nicht.

Kontrolle und Ergebnis

Von den 99 Entscheidungen sind ___ richtig. Multipliziere die Zahl der richtigen Entscheidungen mit 1. Das ergibt ___ %.

66 Beistriche zwischen Aufzählungen

- Beistriche werden gesetzt, wenn die Aufzählungen unverbunden sind:
  Man braucht Wasser, Mehl, Butter ...
- Beistriche werden gesetzt, wenn die Aufzählungen mit *aber, sondern, jedoch* verbunden sind:
  Man braucht Wasser, Mehl, Butter, ***jedoch*** *kein Backpulver.*
- Beistriche werden nicht gesetzt, wenn die Aufzählungen mit *und, oder, sowie* verbunden sind:
  Man braucht Wasser, Mehl, Butter oder Margarine.

Überlege und setze die fehlenden Beistriche.

1. Sie waren nicht in der Schule nicht im Cafe sondern im Kino.
2. Frau Xandl reist heuer nach Japan Hongkong Bali sowie nach Australien.
3. Eltern Großeltern und Kinder leben heute selten in einem Haushalt.
4. Montag Mittwoch und Freitag sind die Ordinationstage von Dr. Wunderer.
5. Am Montag haben wir Mathematik Englisch Physik aber nicht Deutsch.
6. Seine Kleidung ist alt abgetragen aber immer sauber.
7. Zur Feier kommen Verwandte Freunde und Freundinnen.
8. Am liebsten mag er fette Gänse Bratkartoffeln Krautsalat und Jungwein.
9. Herr Ängstlich erschrickt zittert will schreien und fällt in Ohnmacht.
10. Zur Jause verzehrt er meistens Wurst Speck Käse usw.
11. Dezember Jänner Februar sind die Wintermonate.
12. Die Firma sucht Schlosser Tischler Maler und andere Hilfskräfte.
13. Er will Tee mit Zitrone oder Milch aber nicht mit Rum.
14. Im Sommer reifen Kirschen Marillen jedoch keine Weintrauben.
15. Das Mädchen ist intelligent redegewandt freundlich sowie hübsch.
16. Warum weshalb weswegen sind Fragewörter.
17. Internet SMS und Mails zählen zu den modernen Kommunikationsmitteln.
18. Der Lehrer ist streng konsequent aber gerecht.
19. In den Wäldern stehen Fichten Buchen Föhren aber selten Tannen.
20. Die Gäste brachten Blumen Wein und andere Kleinigkeiten mit.

Kontrolle und Ergebnis

Von den 36 Beistrichen sind ______ richtig gesetzt. Multipliziere die Zahl der richtig gesetzten Beistriche mit 2,8. Das ergibt ______ %.

67 Beistriche zwischen Adjektiven und Partizipien

- Stehen vor einem Nomen mehrere Adjektive, werden Beistriche gesetzt, wenn diese gleichrangig sind. Ein Trick: Du kannst die Reihenfolge tauschen. Du kannst ***und*** dazwischen setzen: *an heißen, sonnigen Tagen – an heißen* ***und*** *sonnigen Tagen – an sonnigen, heißen Tagen.*
- Bildet das letzte Adjektiv mit dem Nomen eine Einheit, wird zwischen den letzten beiden Adjektiven kein Beistrich gesetzt: *die erholsamen großen Ferien*, weil *große Ferien* eine Einheit bilden.
- Es hängt aber auch vom Sinn ab, ob Beistriche gesetzt werden: *die oberen plombierten Zähne* – auch die unteren sind plombiert; *die oberen, plombierten Zähne* – die unteren sind nicht plombiert.

Unterstreiche die Adjektive. Überlege und setze die Beistriche.

1. Der Patient starb nach einem langen schweren Leiden.
2. Er bevorzugt erlesene österreichische Weißweine.
3. Die Kinder pflückten bunte angenehm duftende Blumen.
4. Der Lektor überarbeitet den fehlerhaften unvollständigen Text.
5. Viele Unternehmer jammern über die allgemeine wirtschaftliche Lage.
6. An heißen sonnigen Wochenenden fahren viele Städter aufs Land.
7. Im Winter denkt man oft an die zahlreichen heißen Sommertage.
8. Der fleißige folgsame Bub wird von allen gelobt.
9. Er zieht ein helles steirisches Bier dem dunklen bayrischen Bier vor.
10. Kinder bestellen gern einen süßen pickigen Saft.
11. Der Zahnarzt kontrollierte zuerst die unteren plombierten Zähne.
12. In der Freizeit löst sie gerne interessante geografische Rätsel.
13. Manchmal liest sie auch einen spannenden abenteuerlichen Roman.
14. Wer liebt nicht spannende interessante Bücher?
15. Er sucht ein billiges zuverlässiges Gebrauchtauto.
16. Jeder Lehrer freut sich über interessierte hoch motivierte Schüler.
17. Sie kauft rote stark riechende Rosen.
18. Der Mechaniker repariert das kaputte automatische Getriebe.
19. Der Chor sang bekannte weihnachtliche Weisen.
20. Der Unbekannte trug einen schwarzen breitkrempigen Hut.

Kontrolle und Ergebnis

Von den 11 Beistrichen sind ______ richtig gesetzt. Multipliziere die Zahl der richtig gesetzten Beistriche mit 9,1. Das ergibt ______ %.

68 Beistriche zwischen mehrteiligen Angaben

Zwischen mehrteiligen Orts-, Zeit- und Literaturangaben stehen Beistriche. Der schließende Beistrich kann auch weggelassen werden: *Er kommt am Freitag, dem 21. Jänner, um 14 Uhr(,) an.*

Wo musst du einen Beistrich setzen? Wo kannst du einen setzen?

1. Donald Duck wohnt in Entenhausen Schnabelweg 7.
2. Die Abfahrt erfolgt am Sonntag dem 2. April um 9 Uhr.
3. Die Eröffnung findet am Samstag 1. Mai 17 Uhr statt.
4. Renate S. wohnt in Dresden Wilhelmstraße 24 2. Stiege Tür 13.
5. Das Gesetz wurde im Bundesgesetzblatt Jahrgang 2004 168. Stück veröffentlicht.
6. Das Fremdwort kannst du im ÖWB Seite 598 linke Spalte finden.
7. Er kommt am Samstag 24. Dezember 18 Uhr pünktlich an.
8. Sie werden am Samstag dem 7. Februar abfliegen.
9. Ihr Schreiben vom 1. April wurde bereits beantwort.
10. Die Schularbeit findet kommenden Dienstag 3. Stunde statt.
11. Am Freitag dem 13. März soll man angeblich Pech haben.
12. Er wohnt in Wien Lerchenfeldergürtel 15 2. Stock.
13. Er hätte eine Tageszeitung vom Dienstag dem 18. Jänner gebraucht.
14. Die Tagung soll am Mittwoch dem 19. Jänner um 9 Uhr beginnen.
15. Gustav Kuhn Krems Landstraße 10 ist Sieger des Preisausschreibens.
16. Die 3. Schularbeit vom 20. Jänner war ein Flop.
17. Das Schreiben geht an Ludwig M. Berlin Kurfürstendamm 10 3. Stock.
18. Alle denken an die Flutkatastrophe vom 26. Dezember 2004 im Indischen Ozean.
19. Der Brief ist adressiert an Herrn Wurm 3500 Krems Langenloiserstraße 3.
20. Die Party steigt am Samstag 5. Februar 19 Uhr in München Rosenheimstraße 10.

Kontrolle und Ergebnis

Von den 32 Beistrichen, die gesetzt werden müssen, sind ______ richtig.

Von den 11 Beistrichen, die gesetzt werden können, sind ______ richtig.

Von den insgesamt 43 Beistrichen sind ______ richtig gesetzt. Multipliziere die Zahl der richtig gesetzten Beistriche mit 2,3.

69 Beistriche zwischen Zusätzen und Nachträgen

Zusätze und Nachträge grenzt man mit einem Beistrich ab. Sind sie eingeschlossen, so schließt man sie mit einem paarigen Beistrich ein.
Ist der Nachtrag/Zusatz Bestandteil eines Eigennamens, wird kein Beistrich gesetzt.
Auch ein satzwertiger Infinitiv kann als Zusatz/Nachtrag stehen.

Unterstreiche Zusätze und Nachträge. Setze dann die Beistriche.

1. Leopold der Heilige wird als Landespatron von Niederösterreich gefeiert.
2. Viele Touristen besuchen den Stephansdom das Wahrzeichen von Wien.
3. Die Sekretärin um rechtzeitig im Büro zu sein nimmt den Frühzug.
4. Rudolf von Habsburg besiegte Ottokar von Böhmen.
5. Raimund von Kindheit an gehbehindert ist ein lebenslustiger Bursche.
6. Sie besuchten im letzten Sommer Rom die Ewige Stadt.
7. Er ohne auf den Verkehr zu achten überquerte die Straße.
8. Eva die jüngere Tochter studierte Medizin an der Wiener Universität.
9. Ludwig der Vierzehnte König von Frankreich liebte das prunkvolle Leben.
10. Ich kenne Herrn Stich einen begeisterten Bienenzüchter.
11. Ein Kind geschlagen und gedemütigt leidet lebenslang an den Folgen.
12. Der Richter befragte Herrn Geist den Zeugen des Unfalls.
13. Frau Kaiser die Klägerin und Herr König der Angeklagte betraten den Gerichtssaal.
14. Anja die einzige Tochter übernahm die Firma ihrer Eltern.
15. Die Polizei dein Freund und Helfer sorgt für die öffentliche Sicherheit.
16. Ivan der Schreckliche Zar von Russland war ein gefürchteter Herrscher.
17. Die Sportlerin ergriffen von ihrem Olympiasieg brach in Freudentränen aus.
18. Er saß im Büro müde und verschlafen.
19. Er immer schlecht gelaunt und sie stets fröhlich passen nicht zusammen.
20. Mit Riesenschritten kam er näher der Tag der Entscheidung.

Kontrolle und Ergebnis

Von den 25 Zusätzen/Nachträgen sind ______ richtig gekennzeichnet. Von den 34 Beistrichen sind ______ richtig gesetzt. Von den 59 Entscheidungen sind also ______ richtig. Multipliziere die Zahl der richtigen Entscheidungen mit 1,7. Das ergibt ______ %.

70 Beistriche vor nachgestellten Erläuterungen

Nachgestellte Erläuterungen werden durch Beistriche abgetrennt. Ist die Erläuterung eingeschoben, wird sie durch ein paariges Komma getrennt.
Eine nachgestellte Erläuterung kann eingeleitet werden mit: *also, besonders, nämlich, vor allem, und zwar, zB = zum Beispiel, d. h. = das heißt.*

Unterstreiche die nachgestellten Erläuterungen. Setze dann die Beistriche.

1. Obst besonders frisch gepflückte Marillen esse ich am liebsten.
2. Gegen Abend sind Schneeschauer möglich vor allem im Westen und Norden.
3. Bei der Messe waren viele Unternehmer insbesondere österreichische Firmen vertreten.
4. Er bereiste die ganze Welt unter anderem auch viele Entwicklungsländer.
5. Der Chef machte eine eindeutige Bemerkung und zwar mit voller Absicht.
6. Giftige Pilze zB Knollenblätterpilze können zu schweren Vergiftungen führen.
7. Wir suchen tüchtige Mitarbeiter und zwar für den Außendienst.
8. Zehn Teilnehmer das ist fast die Hälfte litten nach dem Essen an Übelkeit.
9. Das allgemeine Wahlrecht wurde 1907 also schon vor 100 Jahren eingeführt.
10. Er wählte die sicherste Art des Reisens und zwar mit dem Schiff.
11. Es werden verschiedene Weißweine angeboten nämlich Veltliner und Riesling.
12. Sie liebt verschiedene Sportarten besonders aber das Joggen.
13. Der Arzt verordnete ihm eine gesunde Lebensweise das heißt ohne Alkohol und Nikotin.
14. Ich erwarte dich in der nächsten Woche und zwar am Donnerstag.
15. Alle das heißt Mädchen und Buben sollten einen Kochkurs besuchen.
16. Diese Woche genauer am Donnerstag oder Freitag werden Unwetter erwartet.
17. Er kannte nur eines nämlich arbeiten und sparen.
18. Die Satzzeichen vor allem Beistriche bereiten vielen Probleme.
19. Großstädte so auch New York und Tokio sind immer Wirtschaftszentren.
20. Der Gesamtbetrag also Fahrt und Hotel lag unter 1 000 Euro.

Kontrolle und Ergebnis

Von den 20 Erläuterungen wurden ______ richtig gekennzeichnet. Von den 30 Beistrichen sind ______ richtig gesetzt. Von den insgesamt 50 Entscheidungen sind ______ richtig. Multipliziere die Zahl der richtigen Entscheidungen mit 2. Das ergibt ______ %.

71 Beistriche bei Vergleichen

Bei Vergleichen mit *wie* und *als* gilt Folgendes:

- Ein Beistrich wird gesetzt, wenn ein Vergleichssatz vorliegt: *Ich singe,* ***wie der Vogel singt***.
- Kein Beistrich wird gesetzt, wenn der Vergleich nur ein Satzglied ist: *Ich singe* ***wie ein Vogel***.

Unterstreiche den Vergleich. Setze dann die Beistriche.

1. Der Olympiasieger sprang weiter als jemals ein anderer gesprungen war.
2. Das Licht bewegt sich wesentlich schneller als der Schall.
3. Er lief so schnell wie es die Trainer erwartet hatten.
4. Die neuen Handys verkaufen sich gut wie die warmen Semmeln.
5. Wie die Alten (ge)sungen so zwitschern die Jungen.
6. Es ging besser als alle erwartet hatten.
7. Wie jedes Jahr gab es auch heuer einige verregnete Urlaubstage.
8. Vater kam früher als gewöhnlich von der Arbeit nach Hause.
9. Die Waren sind jetzt billig wie nie zuvor.
10. Wie die Arbeit ausgefertigt ist so sieht man dies selten.
11. Das Rauchen ist schädlicher als viele glauben.
12. Das Nikotin wirkt auf jugendliche Körper anders als es auf Erwachsene wirkt.
13. Er sieht drein wie drei Tage Regenwetter.
14. Er kämpfte wie ein Löwe um sein Recht.
15. Auch leicht alkoholisierte Getränke sind nicht so harmlos wie manche glauben.
16. Bei gesunder Lebensweise kann man viel älter als andere werden.
17. Schneller als er kann kein Mitschüler laufen.
18. Mancher tut wie wenn er Geld in Hülle und Fülle hätte.
19. Sie liest wesentlich mehr als ihre Schwester.
20. Manche konsumieren mehr als sie sich leisten können.

Kontrolle und Ergebnis

Von den 20 Vergleichen wurden ______ richtig unterstrichen. Von den 10 Beistrichen wurden ______ richtig gesetzt. Von den insgesamt 30 Entscheidungen sind also ______ richtig. Multipliziere die Zahl der richtigen Entscheidungen mit 3,3. Das ergibt ______ %.

72 Beistriche bei Anreden, Ausrufen ...

Anreden (*Herr Doktor, ...*), Ausrufe (*Ach, ...*) oder Ausdrücke einer Stellungnahme (*Nein, ...*) grenzt man mit einem Beistrich ab. Ist die Anrede, der Ausruf ... eingeschlossen, so wird dieser durch ein paariges Komma abgetrennt.
Das Wort *bitte* trennt man nur dann vom restlichen Satz durch einen Beistrich ab, wenn es mit Nachdruck verwendet wird.

Unterstreiche die Anreden, Ausrufe und Stellungnahmen. Setze dann die Beistriche.

1. Danke ich habe schon gegessen.
2. Bitte komm doch morgen einmal pünktlich!
3. Könnten Sie bitte von meinen Zehen steigen.
4. He was machst du da?
5. Hört Kinder doch endlich einmal zu.
6. Was du hast ein Sehr gut auf die Schularbeit?
7. Zweifeln Sie lieber Herr Direktor?
8. Ja Glück müsste man haben!
9. Nein das ist doch nicht möglich!
10. Ich habe schon gegessen danke.
11. Leider der Abfahrtslauf musste wegen schlechter Sicht abgesagt werden.
12. Bitte bitte vergesst nicht die Fotos mitzunehmen.
13. Keine Angst ich werde sicher daran denken.
14. Du denkst sicher daran tatsächlich?
15. Natürlich wie könnte ich darauf vergessen!
16. Komm doch bitte bitte zu meiner Party.
17. Au das tut weh!
18. Sei nicht so wehleidig Max!
19. Hallo wie geht es euch?
20. Sie können jetzt geschätzte Kunden unser Vorteilsangebot nutzen.

Kontrolle und Ergebnis

Von den 20 Ausrufen, Anreden ... sind ______ richtig gekennzeichnet. Von den 24 Beistrichen sind ______ richtig gesetzt. Von den insgesamt 44 Entscheidungen sind also ______ richtig. Multipliziere die Zahl der richtigen Entscheidungen mit 2,3. Das ergibt ______ %.

73 Beistriche bei unvollständigen Haupt- und Gliedsätzen

Auch unvollständige Gliedsätze grenzt man von Hauptsätzen mit Beistrichen ab,
zB *Ich weiß nicht, **was** ~~ich~~ **tun** ~~soll~~.*
Doch auch der Hauptsatz kann unvollständig sein, zB ***Vielleicht*** ~~klappt es~~, *dass ich kommen kann.*

Unterstreiche unvollständige Hauptsätze normal, unvollständige Gliedsätze strichliert. Setze dann die Beistriche.

1. Ich komme wenn gewünscht morgen zu dir.
2. Möglich dass ich etwas später kommen werde.
3. Sie wussten in dieser Situation nicht mehr was tun.
4. Wie bereits gesagt kann man leider nichts machen.
5. Ende gut alles gut.
6. Wie allgemein bekannt erweitert Lesen den Wortschatz.
7. Vielleicht dass Sie die fehlerhafte Ware ersetzt bekommen.
8. Falls nötig wird der Chef persönlich kommen.
9. Ehre verloren alles verloren.
10. Wir wollen die Sache wenn irgendwie möglich noch heute erledigen.
11. Ich weiß nicht was anfangen.
12. Kann sein dass er noch rechtzeitig eintrifft.
13. Weil total unsicher ging er nicht zur Prüfung.
14. Sicher dass das Wetter schön bleibt.
15. Er wird sich falls unbedingt gewünscht für uns einsetzen.
16. Wie gewonnen so zerronnen.
17. Wir können die Ware sofort bestellen wenn gewünscht.
18. Schön dass du an mich gedacht hast.
19. Wo kein Kläger da kein Richter.
20. Obwohl nicht in Form gewann er trotzdem.

Kontrolle und Ergebnis

Von den 9 unvollständigen Hauptsätzen sind ______ richtig unterstrichen. Von den 15 unvollständigen Gliedsätzen sind ______ richtig unterstrichen. Von den 23 Beistrichen sind ______ richtig gesetzt. Von den insgesamt 47 Entscheidungen sind also ______ richtig. Multipliziere die Zahl der richtigen Entscheidungen mit 2,1. Das ergibt ______ %.

74 Zusammenfassung – Beistriche vor „und"

Vor den Bindewörtern *und* und *oder* wird in folgenden Fällen ein Beistrich gesetzt:

- nach einem eingeschalteten Gliedsatz: *Er fragte, **wie das Wetter wird,** und legte auf.*
- nach einer eingeschalteten direkten Rede: *Er fragte: **„Wie wird das Wetter?",** und legte auf.*
- vor nachträglichen Erläuterungen, die mit *und, und zwar, und das* eingeleitet werden: *Er war unzufrieden**, und mit Recht.***
- nach einem nachgestellten Zusatz/Beisatz: *Heidi, **meine ältere Schwester,** und ich ...*

Unterstreiche alle „und". Überlege, vor welchen „und" Beistriche gesetzt werden müssen. Setze alle fehlenden Beistriche.

1. Janos der aus Polen stammt und ich sind gute Freunde.
2. Er fragte: „Wer ist draußen?" und öffnete die Tür.
3. Er zweifelte lange und das mit gutem Grund.
4. Alexandra Tina und Vera sind langjährige Freundinnen.
5. Dominik der jüngere Bruder und Petra sind in einem Camp (2 Personen).
6. Er stürzte im Zieleinlauf und zwar schwer.
7. Total erschöpft und vom Regen durchnässt kamen sie heim.
8. Er sagte dass er morgen komme und fuhr ab.
9. Das Licht geht aus der Vorhang hebt sich und das Spiel beginnt.
10. Ich hoffe dass dir das Kleid gefällt und dass es dir passt.
11. Die Polizei machte einen Alkotest und mit Recht.
12. Er schrie: „Hände hoch!" und bedrohte den Kassier mit einer Pistole.
13. Er versprach die Blumen zu gießen und die Mülltonne herauszustellen.
14. Er sagte er komme nie wieder und verabschiedete sich.
15. Mozart der bekannte Komponist und Salieri standen im Widerstreit.
16. Zu hohes Tempo und glatte Straßen verursachten eine Massenkarambolage.
17. Weiß jemand wie sich der Unfall ereignete und wer Schuld hat?
18. Er sagte er wisse von nichts und verschwand.
19. Er klopfte an und die Tür ging auf.
20. Ich ärgerte mich weil es regnete und weil ich den Schirm vergessen hatte.

Kontrolle und Ergebnis

Von den 23 Beistrichen, die gesetzt werden müssen, sind ______ richtig gesetzt. Multipliziere die Zahl der richtig gesetzten Beistriche mit 4,3. Das ergibt ______ %.

75 Beistriche verändern die Bedeutung

Beistriche können auch eine sinnentscheidende Bedeutung haben. Überlege den Unterschied der beiden Sätze: *Zur Arbeit, nicht zum Feiern sind wir geboren. Zur Arbeit nicht, zum Feiern sind wir geboren.*

Lies dir die Bedeutung eines Satzes der linken Spalte durch. In der rechten Spalte steht ein sinngemäßer Satz. Musst du einen Beistrich setzen? An welcher Stelle musst du einen Beistrich setzen?

	Bedeutung	**Satz**
1.	*Er kann sie nicht leiden.*	Er will sie nicht.
2.	*Er will joggen, sie aber nicht.*	Er will sie aber nicht.
3.	*Der König möchte jemanden begnadigen.*	Ich begnadige nicht hinrichten!
4.	*Der König möchte jemanden nicht begnadigen.*	Ich begnadige nicht hinrichten!
5.	*Die Liebe ist ein Abenteuer.*	Liebe dieses Abenteuer!
6.	*Du sollst das Abenteuer lieben.*	Liebe dieses Abenteuer!
7.	*Was, du willst noch mehr?*	Was willst du mehr?
8.	*Was willst du noch?*	Was willst du mehr?
9.	*Wir raten ihm, dass er folgt.*	Wir raten ihm zu folgen.
10.	*Wir raten, dass er dem Lehrer folgt.*	Wir raten ihm zu folgen.
11.	*Alex meint, dass Max ein Geizhals sei.*	Max meint Alex sei ein Geizhals.
12.	*Max meint, dass Alex ein Geizhals sei.*	Max meint Alex sei ein Geizhals.
13.	*Im Grab ruhen drei Personen.*	Hier ruhen Herr Trost der Großvater und seine Frau.
14.	*Im Grab ruhen zwei Personen.*	Hier ruhen Herr Trost der Großvater und seine Frau.
15.	*Herr Chef, hier bin ich!*	Hier bin ich Chef!
16.	*Hier bin ich der Chef!*	Hier bin ich Chef!
17.	*Du kannst nicht mein Freund bleiben.*	Mein Freund kannst du nicht bleiben.
18.	*Er fragt den Freund, ob er bleiben könne.*	Mein Freund kannst du nicht bleiben?
19.	*Drei Personen feiern Geburtstag.*	Heidi meine Schwester und ich feiern.
20.	*Zwei Personen nahmen teil.*	Frau Kalt die Direktorin und Herr Kalz nahmen teil.

Kontrolle und Ergebnis

Von den 18 Beistrichen sind ______ richtig gesetzt. Multipliziere die Zahl der richtig gesetzten Beistriche mit 5,5. Das ergibt ______ %.

76 Beistrich-Test

Ergänze in jedem Satz die Beistriche. Kontrolliere dann mit dem Lösungsheft und schreibe die Zahl der richtig gesetzten Beistriche in die Kästchen am Zeilenende.

1. Dezember Jänner Februar sowie die erste Märzhälfte zählen zu den Wintermonaten. ☐
2. Das Unternehmen sucht Tischler Maler aber keine Hilfskräfte. ☐
3. Andi Silke und Tom lösen interessante mathematische Aufgaben. ☐
4. Mein Freund wohnt in Wien Ennsgasse 7 2. Stock Tür 13. ☐
5. Marion die älteste Tochter studiert in Wien Betriebswissenschaften. ☐
6. Ludwig der Vierzehnte genannt der Sonnenkönig liebte den Luxus. ☐
7. Der Sieger fuhr um zwei Hundertstel schneller als der Zweitplatzierte. ☐
8. Mancher tut so als wäre er ein Millionär. ☐
9. Er wählte die schnellste Art des Reisens und zwar mit dem Flugzeug. ☐
10. Meine Damen und Herren treten Sie näher und hören Sie zu. ☐
11. Kann sein dass ich mich geirrt habe. ☐
12. Er sagte er komme aus Afrika und bat um Hilfe. ☐
13. Er verstarb nach kurzem schwerem Leiden. ☐
14. Herr Huber unser Klassenlehrer ist streng aber gerecht. ☐
15. Er rief: „Vorsicht ich komme!“ und schon krachte es. ☐
16. Wir beide Ralf mein Freund und ich fahren gemeinsam ans Meer. ☐
17. Er zweifelte an der Wahrheit und das mit Recht. ☐
18. Er hoffte dass er gewinne und dass er seine Schulden zahlen könne. ☐
19. Zweifeln Sie Frau Direktor an der Wahrheit? ☐
20. Die Zeichensetzung zB das Setzen von Beistrichen ist keine Geheimwissenschaft. ☐

Kontrolle und Ergebnis

Von den 34 Beistrichen sind ______ richtig gesetzt. Multipliziere die Zahl der richtig gesetzten Beistriche mit 2,9. Das ergibt ______ %.

77 Adverbiale Verweiswörter und Bindewörter

Die Grenze zwischen einem adverbialen Verweiswort und einem Bindewort = Konjunktion ist nicht immer leicht zu ziehen.
Tipp: Adverbiale Verweiswörter sind Satzglieder, das heißt, man müsste sie im Satz verschieben können. Bindewörter sind keine Satzglieder und können daher nicht verschoben werden.

Überprüfe, ob das fett gedruckte Wort ein Bindewort oder ein adverbiales Verweiswort ist. Schreibe BW für Bindewort oder AV für adverbiales Verweiswort in die Klammer.

1. Er lernte viel, **trotzdem** (   ) misslang ihm die Schularbeit.
2. Er ärgerte sich, **dass** (   ) er so dumme Fehler machte.
3. Ich putze mir die Zähne, **bevor** (   ) ich ins Bett gehe.
4. Es regnet, **deshalb** (   ) entfällt heute der Wandertag.
5. Er kannte die Beeren nicht, **trotzdem** (   ) hat er sie gegessen.
6. Er lernt, **während** (   ) der Fernsehapparat läuft.
7. Er grübelte **und** (   ) er grübelte.
8. Er fuhr das Auto zu Schrott, **dennoch** (   ) lernte er nichts daraus.
9. **Bevor** (   ) der Vulkan ausbrach, verstummten die Tiere.
10. Sie zweifelten, **ob** (   ) sie den Sieg noch schaffen könnten.
11. Ich komme morgen, **andernfalls** (   ) rufe ich verlässlich an.
12. Er machte sich bemerkbar, **indem** (   ) er laut hupte.
13. Er spielte regelmäßig Lotto, **allerdings** (   ) fehlte ihm das Glück.
14. **Nachdem** (   ) er eine Weile gewartet hatte, kam der Bus.
15. Die Straßen sind glatt, **deswegen** (   ) wird Salz gestreut.
16. Sie sangen, **bis** (   ) sie heiser waren.
17. **Zwar** (   ) weiß ich viel, **doch** (   ) möchte ich alles wissen.
18. **Wenn** (   ) ich du wäre, würde ich eifriger sein.
19. Ich fühle mich wie du, **insofern** (   ) kann ich dich verstehen.
20. Sie ist intelligent, **außerdem** (   ) liest sie viel.

Kontrolle und Ergebnis

Von den 21 Bestimmungen sind ______ richtig. Multipliziere die Zahl der richtigen Bestimmungen mit 4,8. Das ergibt ______ %.

78 Passende Binde- und Verweiswörter verwenden

Bindewörter = Konjunktionen und adverbiale Verweiswörter können zwei Hauptsätze oder einen Hauptsatz und einen Gliedsatz miteinander verbinden.

Unterstreiche die Hauptsätze einfach, die Gliedsätze strichliert. Setze dann das passende Bindewort oder Verweiswort ein.

1. Er wartet, ______________ sein Freund kommt und kommt nicht.
2. Draußen ist es bitterkalt, ______________ trägt er keine Jacke.
3. Das Licht im Saal erlischt(,) ______________ der Vorhang geht hoch.
4. Er war nicht nur zerstreut, ______________ er vergaß auch alles.
5. Der Lehrer war schlecht gelaunt, ______________ wir wieder zu spät kamen.
6. Er versagte wieder, ______________ er gründlich studiert hatte.
7. Sie kochte, ______________ er die Teppiche saugte.
8. ______________ ich du wäre, würde ich mir das gut überlegen.
9. Er musste das Haus verkaufen, ______________ hätten ihn die Schulden aufgefressen.
10. Einerseits ist er willig, ______________ fehlt ihm die Ausdauer.
11. Alle hoffen, ______________ diesmal alle positiv bewertet werden.
12. Es war kalt, ______________ regnete es noch dazu.
13. Der Lehrer wartete, ______________ alle in der Klasse ruhig waren.
14. Er liest zwar viel, ______________ sein Schreibstil verbessert sich kaum.
15. Komm näher, ______________ ich dich besser hören kann.
16. Der Star begrüßte die Fans, ______________ er allen zuwinkte.
17. Entweder er studiert, ______________ er muss sich eine Arbeit suchen.
18. ______________ ich von der Schule heimkomme, plündere ich den Kühlschrank.
19. Am liebsten isst er Kaviar, ______________ dieser ist sehr teuer.
20. ______________ es noch hell wird, sitzen bereits viele Pendler im Zug.

Kontrolle und Ergebnis

Von den 30 Hauptsätzen sind ______ richtig gekennzeichnet. Von den 10 Gliedsätzen sind ______ richtig gekennzeichnet. Von den 20 Bindewörtern/Verweiswörtern sind ______ richtig gewählt. Von den insgesamt 60 Entscheidungen sind also ______ richtig. Multipliziere die Zahl der richtigen Entscheidungen mit 1,6. Das ergibt ______ %.

79 Subjekt- und Objektsätze unterscheiden

Gliedsätze stehen für ein Satzglied. Ein Subjekt kann zu einem Subjektsatz erweitert werden:
Der Gewinner** erhält 100 Euro.* → ***Der Gewinner = Subjekt → Satzglied
Wer gewinnt,** erhält 100 Euro.* → ***Wer gewinnt = Gliedsatz → Subjektsatz
Ein Objekt kann zu einem Objektsatz erweitert werden:
Dem Lügner** glaubt man nicht.* → ***Dem Lügner = Objekt → Satzglied
Wer lügt,** dem glaubt man nicht.* → ***Wer lügt = Gliedsatz → Objektsatz

Unterstreiche zunächst in jedem Satz den Gliedsatz. Bestimme dann, ob es sich um einen Subjekt- oder Objektsatz handelt. Kreuze an.

	Subjektsatz	Objektsatz
1. Wer schnell hilft, gibt doppelt.		
2. Wem es nicht gefällt, kann gehen.		
3. Er gestand, dass er geschwindelt hatte.		
4. Dass du mich besuchen willst, freut mich sehr.		
5. Er besteht darauf, dass ich ihn vorher besuche.		
6. Es ist sicher, dass wir uns bald wieder sehen.		
7. Kann verurteilen, wer selbst kein reines Gewissen hat?		
8. Verzeih mir, dass ich so unhöflich war.		
9. Ob er kommt, ist noch fraglich.		
10. Weißt du, wie viel 1 l Milch kostet?		
11. Glücklich, wer ein Talent für Sprachen hat.		
12. Es ist fraglich, ob das Schönwetter anhalten wird.		
13. Was vergangen ist, kehrt nicht mehr wieder.		
14. Ich hoffe, dass du Recht hast.		
15. Ob die Nachricht wahr ist, weiß ich nicht.		
16. Ich sage dir, wer du bist.		
17. Es ist nun bekannt, wie die Oberfläche des Titan aussieht.		
18. Erzähle uns, wovon du lebst.		
19. Weißt du, woher die neue Schülerin kommt?		
20. Wer anderen eine Grube gräbt, fällt selbst hinein.		

Kontrolle und Ergebnis

Von den 20 Gliedsätzen sind ______ richtig unterstrichen. Von den 20 Gliedsätzen sind ______ richtig als Subjekt- oder Objektsätze angekreuzt. Von den insgesamt 40 Entscheidungen sind also ______ richtig. Multipliziere die Zahl der richtigen Entscheidungen mit 2,5. Das ergibt ______ %.

80 Umstandsergänzungen und Gliedsätze

Umstandsergänzungen (Ortsergänzung, Zeitergänzung, Artergänzung, Begründungsergänzung) können zu Gliedsätzen erweitert werden (Ortssatz, Zeitsatz, Artsatz, Begründungssatz).

Bestimme die *kursiv* geschriebenen Satzglieder und schreibe die Abkürzungen in die Klammer: Ortsergänzung = OE, Zeitergänzung = ZE, Artergänzung = AE, Begründungsergänzung = BE. Erweitere die Satzglieder zu Ortssätzen, Zeitsätzen, Artsätzen oder Begründungssätzen.

1. Der Aufstieg dauerte *wegen des steilen Weges* (   ) so lange.

   Der Aufstieg dauerte so lange, weil ______________________________ .

2. *Am Zusammenfluss von Inn und Donau* (   ) liegt Passau.

   Wo ______________________________, liegt Passau.

3. *Vor Lachen* (   ) brach er in Tränen aus.

   Weil ______________________________, brach er in Tränen aus.

4. Die Gäste blieben *bis Mitternacht* (   ).

   Die Gäste blieben, bis ______________________________ .

5. Sie singt *wie eine Nachtigall* (   ).

   Sie singt, wie ______________________________ .

6. Sie fahren *zur Erholung* (   ) ins Gebirge.

   Sie fahren ins Gebirge, weil ______________________________ .

7. Er verabschiedete sich *mit einem langen Händeschütteln* (   ).

   Er verabschiedete sich, indem ______________________________ .

8. Sie stammt *aus meinem Geburtsort* (   ).

   Sie stammt daher, wo ______________________________ .

9. *Vor Morgengrauen* (   ) krähte schon der Hahn.

   Bevor/Ehe ______________________________ , krähte schon der Hahn.

10. Sie löste die Aufgaben *mit dem Taschenrechner* (   ).

    Sie löste die Aufgaben, indem ______________________________ .

Kontrolle und Ergebnis

Von den 10 Satzgliedern sind ______ richtig bestimmt. Von den 10 Gliedsätzen sind ______ richtig formuliert. Von den insgesamt 20 Entscheidungen sind also ______ richtig. Multipliziere die Zahl der richtigen Entscheidungen mit 5. Das ergibt ______ %.

81 Gliedsätze verschiedenen Grades

Ist ein Gliedsatz vom Hauptsatz abhängig, bezeichnet man ihn als Gliedsatz 1. Grades.
Ist von diesem Gliedsatz ein weiterer Gliedsatz abhängig, bezeichnet man ihn als Gliedsatz 2. Grades.
Ist von diesem noch ein Gliedsatz abhängig, dann handelt es sich um einen Gliedsatz 3. Grades. Ein Gliedsatz kann auch von einem satzwertigen Infinitiv vertreten werden.

Bestimme Hauptsätze und die Gliedsätze/satzwertigen Infinitive 1., 2. oder 3. Grades. Schreibe die Bezeichnungen daneben auf.

1. Der Lehrer meinte, ______
   dass es gut wäre, ______
   dass Tom Bücher lese, ______
   die seinem Alter entsprechen. ______
2. Dass ich in einem Haus wohnte, ______
   das von Wald umgeben war, ______
   bleibt in meiner Erinnerung. ______
3. Sie verspricht, ______
   dass sie sofort anruft, ______
   wenn sie in Wien gelandet ist. ______
4. Der Arzt sagte, ______
   dass es besser sei, ______
   das Trinken aufzugeben, ______
   damit sich die Leber erholen könne. ______
5. Dass es ihm gelingt, ______
   das Studium noch heuer zu beenden, ______
   hoffen auch seine Eltern. ______
6. Wenn du gelernt hättest, ______
   wie wir dir empfohlen haben, ______
   müsstest du jetzt nicht zittern. ______

Kontrolle und Ergebnis

Von den 20 Teilsätzen sind ______ richtig bestimmt. Multipliziere die Zahl der richtig bestimmten mit 5. Das ergibt ______ %.

82 Nicht eingeleitete Gliedsätze

Du weißt schon: Gliedsätze werden meist mit einem Bindewort eingeleitet. Die Personalform des Verbs steht dann an letzter Stelle.
Wird der Gliedsatz nicht eingeleitet, rückt die Personalform des Verbs an die 1. oder 2. Stelle vor.

Ich meine, ***dass*** *das Wetter so bleibt.* → eingeleiteter Gliedsatz
Ich meine, das Wetter bleibt so. → nicht eingeleiteter Gliedsatz

Unterstreiche zunächst die Gliedsätze. Forme dann die eingeleiteten Gliedsätze in nicht eingeleitete um.

1. Ich weiß, dass er unschuldig ist.

   Ich weiß, ____.

2. Ich frage mich, ob er dumm ist oder nur faul.

   Ich frage mich, ____.

3. Wenn ich aufgeregt bin, gelingt mir gar nichts.

   ____, dann gelingt mir gar nichts.

4. Wenn es dunkel ist, werden wir die Hütte erreichen.

   ____, werden wir die Hütte erreichen.

5. Ich wollte, dass ich ein Vöglein wäre.

   Ich wollte, ____.

6. Wenn wir alles eingepackt haben, wollen wir aufbrechen.

   ____, wollen wir aufbrechen.

7. Ich glaube, dass du in diesem Fall Recht hast.

   Ich glaube, ____.

8. Wenn du das gleich gesagt hättest, wäre alles anders.

   ____, wäre alles anders.

9. Ich glaube, dass sich das Wetter bald umstellt.

   Ich glaube, ____.

10. Wenn ich du wäre, würde ich mich mehr anstrengen.

    ____, würde ich mich mehr anstrengen.

Kontrolle und Ergebnis

Von den 10 Gliedsätzen sind ______ richtig unterstrichen. Von den 10 Umformulierung sind ______ richtig. Von den insgesamt 20 Aufgaben sind also ______ richtig. Multipliziere die Zahl der richtigen Lösungen mit 5. Das ergibt ______ %.

83 Satzklammern

Ein Prädikat kann aus mehreren Teilen bestehen:
*Onkel Otto **ist** am späten Abend **abgereist**.*
*Er **schlug** ihm die Bitte **ab**.*
*Er **wird** morgen bei uns **eintreffen**.*
*Er **hätte** nicht in der Nacht **fahren müssen**.*
Die Teile des Prädikates umklammern andere Satzglieder = Satzklammer.

In einem eingeleiteten Gliedsatz wird die Satzklammer vom Bindewort und dem Prädikat gebildet:
***Wenn** der Onkel in der Früh **eintrifft**, gibt es ein reichliches Frühstück.*

Unterstreiche in jedem Satz die Wörter, die eine Satzklammer bilden. Bestimme die Zahl der Satzglieder, die von diesen eingeklammert werden. Schreibe die Anzahl in die runde Klammer am Zeilenende.

1. Niemand bemerkte, dass sie vor Angst zitterte. ( )
2. Die Gewinnerin hat bei der Siegerehrung vor Freude Tränen vergossen. ( )
3. Wenn in der Früh die Sonne aufgeht, steigt rasch die Temperatur. ( )
4. Er hat die Abfahrt schon das zweite Mal hauchdünn gewonnen. ( )
5. Wer wird morgen sein Referat halten? ( )
6. Hättest du das gestern gesagt, wäre alles anders. ( )
7. Er trat ein, indem er die Anwesenden freundlich begrüßte. ( )
8. Wenn ich ein Vöglein wär', flög' ich zu dir. ( )
9. Er hatte wie ein Wasserfall geredet. ( )
10. Das Schiff ist bei hohem Seegang auf ein Riff aufgelaufen. ( )
11. Sobald der Frühling kommt, erwacht die Natur. ( )
12. Er hätte der älteren Dame den Koffer tragen können. ( )
13. Sollte er wirklich kommen, wäre es eine Überraschung. ( )
14. Wenn das Wörtchen wenn nicht wär', wär' ich längst ein Millionär. ( )
15. Er geht nicht früher ins Bett, ehe der Nachtfilm endet. ( )
16. Obwohl es stark regnete, brachen sie auf. ( )
17. Sie wurde auf dem Maskenfest in ihrem Kostüm von niemandem erkannt. ( )
18. Als der Ehrengast eintraf, erhoben sich alle von den Plätzen. ( )
19. Er will von seinem Freund nichts mehr wissen. ( )
20. Die Natur schlug mit voller Härte zurück. ( )

Kontrolle und Ergebnis

Von den 20 Satzklammern sind ______ richtig gekennzeichnet. Von den 20 Satzgliedzählungen sind ______ richtig. Von den insgesamt 40 Entscheidungen sind also ______ richtig. Multipliziere die Zahl der richtigen Entscheidungen mit 2,5. Das ergibt ______ %.

84 Ausklammern

Manchmal werden Satzglieder aus der Satzklammer herausgenommen:
Als *sie* ***zurückkamen*** *vom Wandertag, schien wieder die Sonne.*
Ausklammern kann man:

- wenn die Aussage leichter verständlich wird;
- wenn nach einem eingeschobenen Gliedsatz nur mehr der schließende Teil des Satzes steht;
- wenn man den vorgezogenen Prädikatsteil stärker betonen will.

Unterstreiche die Wörter, die die Satzklammer bilden. Forme den Satz um, sodass ein Satzglied hinter die Satzklammer rückt.

1. Er hatte das Lauberhornrennen öfter als alle anderen Rennläufer gewonnen.

   ____

2. Er rief seinen Chef, den er gut kennt, an.

   ____

3. Sie will nichts mehr davon wissen, was geschehen ist.

   ____

4. Mit sicheren Schritten ging er in das Gasthaus hinein.

   ____

5. Schwer ist festzustellen, wo die Grenze zwischen Genie und Wahnsinn liegt.

   ____

6. Ich möchte auf keinen Fall in diesem Sommer verreisen.

   ____

7. Gestern hat es mehr als heute geschneit.

   ____

8. Du sollst nicht wie ein Elefant auftreten.

   ____

9. Er will sich für die Verleumdung, die ihm schwer schadete, rächen.

   ____

10. Er ist höher als die gesamte Konkurrenz gesprungen.

   ____

Kontrolle und Ergebnis

Von den 10 Satzklammern sind ______ richtig gekennzeichnet. Von den 10 Umformungen sind ______ richtig. Von den insgesamt 20 Aufgaben sind ______ richtig gelöst. Multipliziere die Zahl der richtigen Lösungen mit 5. Das ergibt ______ %.

85 Hauptsatz-Gliedsatz-Test

Unterstreiche die Hauptsätze normal, die Gliedsätze strichliert. Bestimme dann die Gliedsätze genauer und schreibe die Bezeichnungen darüber: Subjektsatz (SS), Objektsatz (OBJS), Ortssatz (ORTS), Zeitsatz (Z), Artsatz (A), Begründungssatz (B).

1. Er gab zu, dass er geschwindelt hatte, weil er zu wenig gelernt hatte.
2. Ehe die Frist verstrich, tauchte er unter, damit ihn niemand finden konnte.
3. Es ist sicher, dass wir ihn wieder sehen, wenn er Wien besucht.
4. Ich sehe ein, dass es so nicht weitergehen kann.
5. Wo die Elbe in die Nordsee mündet, liegt die Hafenstadt Hamburg.
6. Das Licht erlischt, der Vorhang hebt sich, das Spiel beginnt.
7. Es ist fraglich, ob das Wetter schön ist, wenn wir unseren Sporttag abhalten.
8. Iss, was gar ist; trink, was klar ist; sprich, was wahr ist!
9. Wer nicht pünktlich ist, fällt unangenehm auf.
10. Er verabschiedete sich von uns, indem er uns freundlich zulächelte.
11. Der eine stöhnt, weil er zu viel Arbeit hat, der andere jammert, weil er keine hat.
12. Jeder glaubt, er sei klüger als der andere.
13. Wo man singt, da lass dich nieder, denn böse Menschen haben keine Lieder.
14. Wie man in den Wald hineinruft, so hallt es wider.
15. Ich bleibe hier, bis er kommt, weil ich es ihm versprochen habe.
16. Es ist erfreulich, dass die Krankenstände zurückgehen.
17. Er fragte, wo hier der Bahnhof sei, und setzte seinen Weg fort.
18. Wer zu wenig schläft, wird bei der Arbeit unkonzentriert sein.
19. Wer zu spät kommt, den bestraft das Leben.
20. Bevor man unterschreibt, sollte man auch das Kleingedruckte lesen.

Kontrolle und Ergebnis

Von den 25 Hauptsätzen wurden ______ richtig unterstrichen. Von den 28 Gliedsätzen wurden ______ richtig bestimmt. Von den insgesamt 53 Entscheidungen sind also ______ richtig. Multipliziere die Zahl der richtigen Entscheidungen mit 1,89. Das ergibt ______ %.

86 Nominale Blöcke

Ein Subjekt oder Objekt kann aus einem einfachen Nomen bestehen: ***Der Gast*** *verlangt* ***die Speisekarte.***
Das Nomen kann mit Attributen erweitert werden: ***Der Gast aus dem südlichen Italien*** *verlangt* ***die mit Sorgfalt ausgewählte Speisekarte des Hotels.***

Unterstreiche die nominalen Blöcke. Markiere dann das Nomen, welches durch die Attribute zu einem nominalen Block erweitert wurde, mit einem Leuchtstift.

1. Der Gemahl der von allen bewunderten Dame wurde etwas nervös.
2. Der aus Flachau stammende Hermann Maier gewann den Riesentorlauf.
3. Die durch das Hochwasser beschädigte Brücke musste abgetragen werden.
4. Er verzichtete auf eine ihm zustehende Entschädigung für Flutopfer.
5. Er verwies auf eine in der Bauordnung verankerte Bestimmung zum Brandschutz.
6. Das bei einem Sturm in Seenot geratene Schiff wurde in den Hafen geschleppt.
7. Der in der Nacht auf frischer Tat ertappte Täter konnte leider fliehen.
8. Der Chef verurteilte den auf einen Tag befristeten Warnstreik der Belegschaft.
9. Das bis auf den letzten Platz gefüllte Stadion musste polizeilich gesperrt werden.
10. Die aus der Werbung bekannten Artikel der österreichischen Firmen gehen gut.
11. Die Zöllner fahnden nach in PKW geschmuggelten Zigaretten aus dem Ausland.
12. Fruchtige Weißweine aus Niederösterreichs Weinbaugebieten werden gern getrunken.
13. Unvergesslich bleiben die im Herbst durchgeführten Projekttage im Nationalpark.
14. Weithin hört man das Donnern der über die Felsen in die Tiefe stürzenden Enns.
15. Der Besuch gewährt einen Einblick in die Arbeit zur Bewirtschaftung der Almen.
16. Die Glocknergruppe mit ihren weit ausladenden Gletschern kann man erkunden.
17. Der zum Tode verurteilte Mörder eines Mädchens wurde nicht begnadigt.
18. Eine aus der Luft gegriffene Anschuldigung des Direktors entpuppte sich als Unwahrheit.
19. Sich an Sonne sehnende Touristen fliegen gern in die Karibik.
20. Die aus vielen Attributen bestehenden nominalen Blöcke sind schwer verständlich.

Kontrolle und Ergebnis

Von den 20 nominalen Blöcken sind ______ richtig bestimmt. Von den 20 Nomen sind ______ richtig erkannt. Von den insgesamt 40 Entscheidungen sind also ______ richtig.

Multipliziere die Zahl der richtigen Entscheidungen mit 2,5. Das ergibt ______ %.

87 Nominale Blöcke auflösen, Teil 1

Da Sätze mit langen nominalen Blöcken unübersichtlich und auch schwer verständlich sind, kann man Attribute auch in Attributsätze umwandeln:
Der kürzlich von einer Grippe genesene Onkel *flog in den Süden.* →
Der Onkel, der kürzlich von einer Grippe genesen war, *flog in den Süden.*

Unterstreiche den nominalen Block. Wandle Attribute in Attributsätze um.

1. Sich nach Schnee sehnende Touristen lieben den Arlberg.

___

2. Der aufgrund des Glatteises ins Rutschen geratene Bus landete im Straßengraben.

___

3. Der Arzt untersuchte den von einem Auto am Zebrastreifen niedergestoßenen Passanten.

___

4. Er verzichtete auf eine ihm zustehende Entschädigung für Katastrophenopfer.

___

5. Die aus mehreren Gründen verschobene Party wird am Wochenende nachgeholt.

___

6. Der Notar verhilft den Kindern der vor einer Woche verunglückten Eltern zu ihrem Erbe.

___

7. Die mit großen Lettern auf der Titelseite gedruckte Headline liest jeder.

___

8. Er betrachtete den von Millionen von Sternen übersäten Nachthimmel.

___

9. Die nach einer Kollision mit einem Eisberg auf Grund gelaufene Titanic wurde geortet.

___

10. Wir gedenken der in den beiden Weltkriegen ums Leben gekommenen Menschen.

___

Kontrolle und Ergebnis

Von den 10 nominalen Blöcken sind ______ richtig bestimmt. Von den 10 Umformungen sind ______ richtig. Von den insgesamt 20 Entscheidungen sind als ______ richtig. Multipliziere die Zahl der richtigen Entscheidungen mit 5. Das ergibt ______ %.

88 Nominale Blöcke auflösen, Teil 2

Nominale Blöcke mit langen Attributen können nicht nur durch Attributsätze, sondern auch durch andere Gliedsätze (Objektsätze, Zeitsätze, Begründungssätze ...) aufgelöst werden:
Trotz der starken Beschädigung des Klettersteiges durch ein Gewitter *wagten wir die Tour.*
Obwohl der Klettersteig durch ein Gewitter stark beschädigt war, *wagten wir die Tour.*

Unterstreiche den nominalen Block. Forme ihn dann in einen Gliedsatz um.

1. Wegen des im Fernsehen vorhergesagten Kaltwettereinbruchs verschoben wir die Tour.

   Weil ______________________________

2. Vor dem Antritt einer Fernreise in tropische Länder sollte man sich impfen lassen.

   Bevor ______________________________

3. Während des Besuches eines Staatsoberhauptes beim Papst war der Vatikan gesperrt.

   Während ______________________________

4. Trotz der Warnung vor Touren außerhalb der Piste fuhren einige in den Hang ein.

   Obwohl ______________________________

5. Nach langen in alle Richtungen gehenden Überlegungen fasste er einen Entschluss.

   Nachdem ______________________________

6. Vor dem Entschluss zu einem Kauf eines neuen Autos sollte man zum Rechenstift greifen.

   Ehe/Bevor ______________________________

7. Wegen des bestehenden Verdachts auf Rinderwahn wurden viele Rinder verbrannt.

   Weil/Da ______________________________

8. Ich fühle das allmähliche Abnehmen meiner letzten Kräfte.

   Ich fühle, wie ______________________________

9. Wegen der drohenden Gefahr eines Vulkanausbruches leben die Menschen in Sorge.

   Weil/Da ______________________________

10. Trotz überraschend hohen Andrangs der vielen Interessenten kam es zu keinem Chaos.

    Obwohl ______________________________

Kontrolle und Ergebnis

Von 10 nominalen Blöcken sind ______ richtig markiert. Von den 10 Umformungen sind ______ richtig.

Von den insgesamt 20 Entscheidungen sind also ______ richtig. Multipliziere die Zahl der richtigen Entscheidungen mit 5. Das ergibt ______ %.

89 Appositionen im richtigen Fall

Eine Apposition = Nachsatz/Beisatz steht im gleichen Fall wie das Nomen:
Noch immer verehrt man die Rocklegende Elvis Presley. →
Noch immer verehrt man Elvis Presley, die Rocklegende.

Forme die Sätze um, sodass Appositionen entstehen. Vergiss nicht auf die Beistriche!

1. Er hilft seinem Freund Raimund.

   Er hilft Raimund, ____________________

2. Er hat seinem Freund Raimund geholfen.

   ____

3. Sie sprach mit Frau Direktor List.

   ____

4. Ich besuche meinen Geburtsort Gutenbrunn.

   ____

5. Die Verletzung des bekannten Sportlers Maier hat Schlagzeile gemacht.

   ____

6. Herr Bundespräsident Fischer war Ehrengast am Opernball.

   ____

7. Der Luxusdampfer Titanic versank bei seiner Jungfernfahrt.

   ____

8. Wir nähern uns der Landeshauptstadt Graz.

   ____

9. Sie stammt aus der Waldviertler Marktgemeinde Kottes.

   ____

10. Er arbeitet bei dem österreichischen Bauunternehmen Strabag.

   ____

Kontrolle und Ergebnis

Von den 10 Umformungen sind ______ richtig. Multipliziere die Zahl der richtigen Umformungen mit 10.

Das ergibt ______ %.

90 Satzanalyse-Test

Eine Satzanalyse ist das Bestimmen der Satzglieder. Schreibe die Satzglieder in Kurzform auf: S = Subjekt, P = Prädikat, O2 = Genitivobjekt, O3 = Dativobjekt, O4 = Akkusativobjekt, PO = Präpositionalobjekt, OE = Ortergänzung, ZE = Zeitergänzung, AE = Artergänzung, BE = Begründungsergänzung.

Am Abend	________
erwarteten	________
die Eltern	________
den Freund ihres Sohnes.	________

Um sieben Uhr	________
läutete	________
jemand	________
an der Tür der Wohnung.	________

Rasch	________
ging	________
Vater	________
zur Tür.	________

Aus Angst	________
öffnete	________
er	________
sie	________
ganz vorsichtig.	________

Wer	________
stand	________
vor ihm?	________

Onkel Tom aus Australien	________
stand	________
draußen.	________

Die Überraschung	________
war	________
ihm	________
voll	________
geglückt.	________

Der weit gereiste Gast	________
trat ein	________
und	
erzählte	________
von seiner Heimat.	________

In der Zwischenzeit	________
ist	________
Gregors Freund	________
eingetroffen.	________

Gregor	________
nahm sich	________
des Freundes	________
an.	________

Kontrolle und Ergebnis

Von den 40 Satzgliedbestimmungen sind ______ richtig. Multipliziere die Zahl der richtigen Entscheidungen mit 2,5. Das ergibt ______ %.

91 Satzwertige Infinitive

Ein Infinitiv kann durch eine nähere Bestimmung erweitert werden: *Er hofft zu gewinnen.* →
Er hofft(,) den Abfahrtslauf zu gewinnen. Dieser erweiterte Infinitiv hat den Wert eines Gliedsatzes:
Er hofft, dass er den Abfahrtslauf gewinnt. Daher nennt man diesen Infinitiv einen „satzwertigen Infinitiv".
Einen satzwertigen Infinitiv kann man mit einem Beistrich abtrennen.

Forme die Gliedsätze in satzwertige Infinitive um.

1. Wer glaubt nicht, dass er alles richtig macht?

___

2. Ich bin glücklich, weil ich die Qualifikationsprüfung geschafft habe.

___

3. Claudia streitet ab, dass sie das gesagt habe.

___

4. Er fürchtet, dass er wieder versagt.

___

5. Der Computerspezialist ist zufrieden, weil er den Fehler gefunden hat.

___

6. Es ist oft besser, wenn man in heiklen Situationen schweigt.

___

7. Der Lehrer bittet, dass man das Fenster schließt.

___

8. Der Chef bedauert, dass er keine Lohnerhöhung anbieten kann.

___

9. Er ist stolz, weil er die Aufgabe ganz allein gelöst hat.

___

10. Es ist nicht immer gut, wenn man das letzte Wort hat.

___

Kontrolle und Ergebnis

Von den 10 satzwertigen Infinitiven sind ______ richtig formuliert. Multipliziere die Zahl der richtigen Formulierungen mit 10. Das ergibt ______ %.

92 Satzwertige Partizipialgruppen

Es gibt zwei Partizipformen: *schreibend* = Partizip I, *geschrieben* = Partizip II.
Sie können in ihrer einfachen Form in einem Satz stehen: *Er lief **brüllend** durch die Klasse.*
*Er trat **angespannt** zur Prüfung an.*
Einfache Partizipien können zu Partizipialgruppen erweitert werden: ***Wie ein Stier brüllend**(,)* *lief er durch die Klasse. **Angespannt wie ein Bogen**(,) trat er zur Prüfung an.*

Formuliere die Gliedsätze in satzwertige Partizipialgruppen um.

1. Indem er die Zeitung las, spazierte er durch den Park.

   ____

2. Nachdem sie am Flughafen angekommen war, telefonierte sie sofort.

   ____

3. Weil er von allen ausgelacht wurde, war er traurig.

   ____

4. Wie ich vorher gesagt habe, treffen wir uns morgen um 7 Uhr.

   ____

5. Die Sportler, die aus allen Ländern herbeigeströmt waren, wurden begrüßt.

   ____

6. Weil er von der Qualität überzeugt war, entschloss er sich zum Kauf.

   ____

7. Während er vor Schmerzen stöhnte, stieg er in den Rettungswagen.

   ____

8. Wenn man von den Fehlern absieht, ist der Text einwandfrei.

   ____

9. Nachdem er auf seine Schwäche aufmerksam gemacht wurde, besserte er sich.

   ____

10. Damit er das Risiko ausschließt, geht er auf Nummer sicher.

   ____

Kontrolle und Ergebnis

Von den 10 Partizipialgruppen sind ______ richtig formuliert. Multipliziere die Zahl der richtigen Entscheidungen mit 10. Das ergibt ______ %.

93 Modalverben

Die Modalverben *dürfen, können, mögen, müssen, sollen, wollen, lassen* verändern die Aussage eines Vollverbs, zB *Ich* ***komme*** *morgen*. (Vollverb drückt eine Bestimmtheit aus.)
Ich ***will*** *morgen* ***kommen***. (Modalverb drückt Bereitschaft, Absicht, Willen aus.)

Setze ein treffendes Modalverb ein.

1. Die Turnlehrerin fragt die neuen Schüler: „Wer ______________ schwimmen?“
2. Der Lehrer fragt: „Wer ______________ die Hefte austeilen?“
3. Der Klassenlehrer fragt: „Wer ______________ die Fotos bestellen?“
4. Der Arzt fuhr ihn an: „Sie ______________ gesünder leben!“
5. Er dachte sich beim Anblick des üppigen Buffets: „Wer ______________ da widerstehen?“
6. Der Chef ______________ ihn immer nach Hause telefonieren.
7. „ ______________ ich heute Abend ins Kino gehen?“, fragte Max.
8. Die Chefin ______________ die Angestellten hart arbeiten.
9. Wer ______________ bei so einem Wetter zu Hause bleiben?
10. ______________ ihn doch einmal ausreden!
11. Der Arzt meinte zum Patienten, er ______________ abnehmen. (Konjunktiv verwenden)
12. Wir ______________ unbedingt zu deinem Fest kommen.
13. Die Eltern ______________ die Kinder im Garten feiern.
14. „ ______________ ich in die Disco?“, fragte Ralf seine Eltern.
15. „Den Film ______________ du unbedingt sehen“, meinte mein Freund.
16. „Um wie viel Uhr ______________ ich zu Hause sein?“, fragte Christian.
17. „Du ______________ bis 22 Uhr ausbleiben“, meinte Vater.
18. „Ich ______________ aber nicht so früh heimgehen“, sekkierte Christian.
19. Jugendliche ______________ nicht länger in öffentlichen Lokalen verkehren.
20. Die Wirte ______________ die Verordnung zum Jugendschutz einhalten.

Kontrolle und Ergebnis

Von den 20 Modalverben sind ______ passend. Multipliziere die Zahl der passenden Modalverben mit 5.

Das ergibt ______ %.

94 Modalverben in verschiedenen Zeiten

Modalverben können wie Vollverben in allen Zeiten auftreten.
Im Perfekt wird statt des Partizips II der Infinitiv verwendet: *Ich habe kommen **wollen**.*

Setze die folgenden Verben in das Präteritum und das Perfekt.

	Präteritum	Perfekt
1. ich will kommen		
2. er kann lesen		
3. ihr wollt schenken		
4. er lässt reparieren		
5. ihr müsst folgen		
6. sie können fliegen		
7. er soll lernen		
8. du magst fernsehen		
9. ich darf ausgehen		
10. du lässt grüßen		
11. er muss büßen		
12. du darfst frohlocken		
13. sie mögen schenken		
14. ihr sollt anrufen		
15. wir können empfehlen		
16. sie darf mitfahren		
17. du willst fernsehen		
18. ihr lasst liefern		
19. du musst aufpassen		
20. wir sollen Acht geben		

Kontrolle und Ergebnis

Von den 40 Formen sind ______ richtig. Multipliziere die Zahl der richtigen Formen mit 2,5.

Das ergibt ______ %.

95 Modalverb oder Vollverb

Manchmal werden Modalverben als Vollverben verwendet:

*Er **will** sie nicht **heiraten**.*	→	Hier ist „will" ein Modalverb und verändert die Bedeutung des Vollverbs „heiraten".
*Er **will** sie nicht.*	→	Hier ist „will" ein Vollverb und bedeutet: *er liebt sie nicht, er kann sie nicht leiden ...*

Unterstreiche Modalverben einfach. Ist das Modalverb als Vollverb verwendet, dann unterstreiche es doppelt.

1. Sie können leider nicht miteinander.
2. Max will, dass ich am Wochenende zu ihm komme.
3. Tante Trude kann nicht gut Schi fahren.
4. Manche mögen Tee mit Milch lieber als Tee mit Zitrone.
5. Er kann das Gedicht auswendig.
6. Sie will ihn nicht.
7. Sie will ihn nicht zu ihrer Geburtstagsparty einladen.
8. Wir dürfen leider nicht.
9. Ich muss es einfach tun.
10. Wer mag schon bei so einem schönen Wetter zu Hause bleiben?
11. Er lässt ihn lange warten.
12. Wer will noch Suppe?
13. Er soll nicht zu spät kommen.
14. Sag ihm: „Er soll mich!"
15. Darf man das überhaupt?
16. Wer soll das bezahlen?
17. Alle wollen den Frieden.
18. Keiner will Streit haben.
19. „Ich muss, Frau Lehrer!", stammelte Oskar.
20. „Während der Schularbeit darf niemand hinausgehen", meinte die Lehrerin.

Kontrolle und Ergebnis

Von den 20 Modalverben wurden ______ richtig unterstrichen. Multipliziere die Zahl der richtigen Entscheidungen mit 5. Das ergibt ______ %.

96 Modalverben im Perfekt

In Übung 94 hast du erfahren, dass das Modalverb im Perfekt statt des Partizips II den Infinitiv verwendet:
*Ich **darf** kommen.* → *Ich habe kommen **dürfen**.*
Wird das Modalverb als Vollverb verwendet, empfiehlt sich die Variante mit dem Partizip II:
*Ich **will** das.* → *Ich habe das **gewollt**.*

Ergänze die Sätze. Sollst du den Infinitiv oder das Partizip II verwenden?

1. Er hätte besser aufpassen ______________ .	müssen/gemusst
2. Du hast es so ______________ .	wollen/gewollt
3. Das hätte er nicht tun ______________ .	dürfen/gedurft
4. Er hat es nicht essen ______________ .	mögen/gemocht
5. Sie hat ihm das Auto ______________ .	lassen/gelassen
6. So hat er den Salat nicht ______________ .	mögen/gemocht
7. Der Chef hat ihm Überstunden machen ______________ .	lassen/gelassen
8. Er hat das Gedicht gut ______________ .	können/gekonnt
9. Sie hat den Hund laufen ______________ .	lassen/gelassen
10. Sie hat dazu nicht lachen ______________ .	können/gekonnt
11. Man hat ihn nicht überzeugen ______________ .	können/gekonnt
12. Ich habe als Kind nur Erdbeereis ______________ .	wollen/gewollt
13. Er hätte rechtzeitig kommen ______________ .	sollen/gesollt
14. Wer hat das ______________ ?	dürfen/gedurft
15. Er hat das Häkeln schnell ______________ .	können/gekonnt
16. Er hätte das nicht verraten ______________ .	dürfen/gedurft
17. Er hat schnell lesen ______________ .	können/gekonnt
18. Wer hätte da nicht kommen ______________ ?	wollen/gewollt
19. Ich habe meinen Freund mitbringen ______________ .	dürfen/gedurft
20. Er hat das so ______________ .	wollen/gewollt

Kontrolle und Ergebnis

Von den 20 Formen sind ______ richtig. Multipliziere die Zahl der richtigen Formen mit 5.

Das ergibt ______ %.

97 Modifizierende Verben

*Er **verliert** das Finalspiel.* → „verliert" = Vollverb
Die Aussage des Vollverbs kann durch ein anderes Verb verändert werden:
*Er **scheint** das Finalspiel zu **verlieren**.* → „scheint" modifiziert das aussagende Verb.
Modifizierende Verben sind: *hoffen, scheinen, meinen, gedenken, wünschen, wissen, pflegen, vermögen, drohen, fürchten, bitten, versprechen, anfangen, brauchen ...*

Ergänze die Sätze. Unterstreiche das modifizierende Verb einfach, das aussagende Verb strichliert.

1. Er fing rechtzeitig mit dem Lernen an.

   Er versprach ______________________________.

2. Die Vortragende begeisterte ihre Zuhörerinnen.

   Die Vortragende vermochte ______________________________.

3. Er verklagte den bösen Nachbarn.

   Er drohte ______________________________.

4. Der Chef wurde von niemandem gestört.

   Der Chef wünschte ______________________________.

5. Er wusste immer alles besser als die anderen.

   Er meinte ______________________________.

6. Wir schämen uns nicht für diese Tat.

   Wir brauchen ______________________________.

7. Sie denken über die Folgen des Rauchens nach.

   Sie beginnen ______________________________.

8. Manchmal vergessen Raucher ihre guten Vorsätze.

   Manchmal scheinen ______________________________.

9. Lernen ist harte Arbeit.

   Lernen scheint ______________________________.

10. Viele schätzen lobende Worte.

    Viele wissen ______________________________.

Kontrolle und Ergebnis

Von den 10 Sätzen wurden ______ richtig ergänzt. Multipliziere die Zahl der richtigen Ergänzungen mit 10. Das ergibt ______ %.

98 Aktiv und Passiv

Wir wiederholen: Aktiv und Passiv sind zwei Formen des Verbs. Das Aktiv betont, wer was tut. Manchmal ist der Verursacher/Täter nicht bekannt: *Man sagt, ...*
Das Passiv betont, was geschieht. Manchmal ist der Verursacher/Täter unbekannt: *Es wird gesagt, ...*

Ergänze jeweils die fehlende Form in der entsprechenden Zeit.

Aktiv	Passiv
1. Man verlangt einen Ausweis.	________________
2. ________________	Es wird empfohlen zu stornieren.
3. Alle lieben sie.	________________
4. Man hat den Sieger gefeiert.	________________
5. ________________	Es wurde lange getanzt.
6. Man gedenkt der Toten.	________________
7. ________________	Das ist nicht so gesagt worden.
8. ________________	Es wurde nach ihm gefragt.
9. Man dankte dem Retter.	________________
10. ________________	Das Urteil wird aufgehoben.
11. Man begrüßte alle Gäste.	________________
12. Wie viel Personal wird man einsparen?	________________
13. ________________	Wer ist verdächtigt worden?
14. ________________	Er wurde gewarnt.
15. Wer bietet einen Kurzkurs an?	________________
16. ________________	Kinder, nun wird aufgepasst!
17. Man sollte nicht so viel rauchen.	________________
18. Die Firma wird Mitarbeiter einstellen.	________________
19. ________________	Es wird immer weniger gelesen.
20. Wer kann das erklären?	________________

Kontrolle und Ergebnis

Von den 20 Formen sind ______ richtig. Multipliziere die Zahl der richtigen Verbformen mit 5.

Das ergibt ______ %.

99 Indikativ und Konjunktiv

Der Sprecher/Schreiber kann durch bestimmte Verbformen seine Aussage modifizieren. Damit bekommt das Gesagte/Geschriebene eine bestimmte Aussageweise, einen bestimmten Modus. So gibt es den Indikativ und den Konjunktiv.
Der Indikativ ist die Wirklichkeitsform. Sie wird verwendet, wenn man einen Sachverhalt so darstellen will, wie er wirklich geschehen ist.
Der Konjunktiv ist die Möglichkeitsform. Sie wird verwendet, wenn ein Sachverhalt nur als angenommen, ungewiss oder möglich dargestellt wird.

Ergänze die fehlenden Formen.

Präsens Indikativ	Präteritum Indikativ	Konjunktiv I	Konjunktiv II
1.	er ging		
2. er bleibt			
3.			sie schriebe
4.		es gehe	
5.			du flögest
6. ihr vergesst			
7.		er friere	
8. wir sind			
9.	sie hatte		
10.		er schlafe	
11. es sprießt			
12.			er dächte
13.	ich war		
14. du ziehst			
15.		sie komme	
16.	er saß		
17. es verdrießt			
18.		du seist	
19.			du schliefest
20. ich will			

Kontrolle und Ergebnis

Von den 60 Ergänzungen sind ______ richtig. Multipliziere die Zahl der richtigen Ergänzungen mit 1,7.

Das ergibt ______ %.

100 Den Konjunktiv richtig verwenden

Den Konjunktiv I verwendet man bei indirekten Reden und Fragen. Haben Konjunktiv und Indikativ die gleichen Formen, verwendet man den Konjunktiv II.
Der Konjunktiv II wird weiters verwendet, um einen Wunsch, etwas Unwahrscheinliches oder Nichtwirkliches auszudrücken.

Ergänze die Konjunktivformen der Verben, die in Klammer stehen.

1. Wenn ich doch fliegen (können) ______________ !
2. Ein Schild warnte, dass das Betreten der Gleise verboten (sein) ______________ .
3. Er fragte, ob er mitkommen (dürfen) ______________ .
4. (Haben) ______________ ich mehr Zeit, (kommen) ______________ ich gern.
5. (Wissen)______________ ich bloß ihren Namen!
6. Der Polizist machte uns aufmerksam, dass wir im Halteverbot (stehen) ______________ .
7. Wenn ich doch mitfahren (dürfen) ______________ !
8. Sie vermutet, dass Vera krank (sein) ______________ .
9. Das (haben) ______________ wir endlich überstanden!
10. Der Mutter beklagt, dass ich immer zu spät (aufstehen) ______________ .
11. (Können) ______________ ich doch länger bleiben!
12. Jeder wollte wissen, wann er (kommen) ______________ .
13. Wenn es doch nicht so kalt (sein) ______________ !
14. Er zweifelt, ob er das Grundstück kaufen (sollen) ______________ .
15. (Können) ______________ du doch endlich still sein!
16. (Müssen) ______________ wir nicht so früh aufstehen!
17. Er meint, dass es nie zu spät (sein) ______________ .
18. Der Sprecher meldet, dass es ein Erdbeben gegeben (haben) ______________ .
19. (Geben) ______________ es keine Kriege mehr!
20. Wenn ich mehr Ehrgeiz (haben) ______________ !

Kontrolle und Ergebnis

Von den 21 Konjunktivformen sind ______ richtig. Multipliziere die Zahl der richtigen Formen mit 4,8.

Das ergibt ______ %.

101 Kongruenz zwischen Subjekt und Prädikat

Die Übereinstimmung zwischen Subjekt und Prädikat nennt man Kongruenz. Ist zB das Subjekt im Singular, steht auch das Prädikat im Singular:
*Die Biene **fliegt** von Blüte zu Blüte. Die Bienen **fliegen** von Blüte zu Blüte.*
Bei mehrteiligen Subjekten ist es nicht immer eindeutig, ob das Prädikat im Singular oder Plural steht:
*Ein Dutzend Eier **kostet** vier Euro* oder *Ein Dutzend Eier **kosten** vier Euro.*

Teste dein Sprachgefühl. Streiche die falsche Form durch.

1. Eine Reihe von Schülern *war/waren* anwesend.
2. Robert oder Stefan *kommt/kommen* mit.
3. Er oder seine Kinder *wird/werden* dich abholen.
4. Eine Anzahl Muster *weist/weisen* leider Schäden auf.
5. Ich und du *bin/sind/bist* aufgefallen.
6. Du und deine Brüder *haben/hast/habt sich/dich/euch* getäuscht.
7. Ein Kilogramm Linsen *macht/machen* satt.
8. Mehr als eine Million *hat/haben* die Sendung gesehen.
9. Viele Grüße *sendet/senden* dir Karl mit Familie.
10. Je ein Exemplar dieser Pflanze *wurde/wurden* ausgestellt.
11. Das Wichtigste, die persönlichen Unterlagen, *wurde/wurden* ein Raub der Flammen.
12. Es *war/waren* eine Menge Leute da.
13. Mir *bleibt/bleiben* noch zehn Euro übrig.
14. Es *herrschte/herrschten* 30 Grad im Schatten.
15. Drei und drei *ist/sind* sechs.
16. 40% des Rauschgifts *wurde/wurden* beschlagnahmt.
17. Weder der eine noch der andere *hat/haben* Recht.
18. Die „Oberösterreichischen Nachrichten" *meldet/melden* schwere Gewitter.
19. Zwei Kilo Brot *reicht/reichen* für alle aus.
20. Zwei Drittel des Buches *ist/sind* schon ausgelesen.

Kontrolle und Ergebnis

Von den 20 Prädikaten hast du ______ richtig ausgewählt. Multipliziere die Zahl der richtigen Entscheidungen mit 5. Das ergibt ______ %.

102 Kongruenz zwischen Gleichsetzungsnominativen

Steht mindestens einer der beiden Nominative im Plural, so weist auch das Prädikat die Pluralform auf.

Unterstreiche die Gleichsetzungsnominative. Streiche die falsche Form des Prädikats durch.

1. Das stärkste Dreier-Team *ist/sind* Stefan, Jürgen und Günter.
2. Annas Schwäche *ist/sind* Rechtschreibfehler.
3. Die Bevölkerung *ist/sind* dunkelhäutige Menschen.
4. „Die Räuber" *ist/sind* ein Drama von Friedrich Schiller.
5. Die Nahrung der Schwalben *ist/sind* Insekten.
6. Tina und Hannes *wäre/wären* ein Traumpaar.
7. Der Schlüssel zum Erfolg *heißt/heißen* Natürlichkeit und Lockerheit.
8. Unsere Hoffnung *ist/sind* Nahrung aus dem Meer, zB Fische und Algen.
9. Sowohl ein Apfel als auch eine Orange *ist/sind* mein Lieblingsobst.
10. Er und sie *bleibt/bleiben* gute Freunde.
11. Die Hälfte der Kugeln *ist/sind* Glasbruch.
12. Deine Freunde und Helfer, die Polizei, *ist/sind* verlässliche Helfer.
13. Entweder Schnitzel oder Schweinsbraten *ist/sind* meine Lieblingsspeise.
14. Alkohol und Nikotin *ist/sind* ein Suchtgift.
15. Der Sport, vor allem Walking und Jogging, *ist/sind* ein billiges Freizeitvergnügen.
16. Weder Walking noch Jogging *ist/sind* mein Hobby.
17. 100 g Heroin *ist/sind* eine große Menge Rauschgift.
18. Eine große Anzahl von Helfern *ist/sind* Mitglieder der Feuerwehr.
19. Meine Jugend, die schönsten Jahre, *war/waren* ein Traum.
20. Tageszeitungen, vor allem der Standard, *ist/sind* ein Muss für Unternehmer.

Kontrolle und Ergebnis

Von den 20 Prädikaten hast du ______ richtig ausgewählt. Multipliziere die Zahl der richtigen Entscheidungen mit 5. Das ergibt ______ %.

103 Kongruenz zwischen Relativpronomen und Bezugswort

Das Relativpronomen *der, die, das/welcher, welche, welches* hängt von dem Wort ab, auf das es sich bezieht. Es stimmt mit dem Beziehungswort in Geschlecht und Zahl überein.

Setze jeweils das passende Relativpronomen ein.

1. Kinder, __________ Eltern selbst Sport betreiben, sind auch meist sportlich.
2. Sein Vater, __________ er sein Talent verdankt, fördert den Jungen.
3. Bergschuhe, ohne __________ man nicht im Gebirge wandert, sollen eine griffige Sohle haben.
4. Teure Sportschuhe, mit __________ man lange zufrieden ist, machen sich bezahlt.
5. Sportgeräte, für __________ man lange sparen muss, sollte man gründlich pflegen.
6. Ein Haus, __________ Mauern feucht sind, verliert an Wert.
7. Die Zuschauer, von __________ nur wenige randalierten, verhielten sich fair.
8. Die Weißen, zu __________ auch die Europäer zählen, sollten sich nicht überlegen fühlen.
9. Kinder, __________ ein gutes Elternhaus fehlt, geraten leichter auf die schiefe Bahn.
10. Ein Handy, ohne __________ Kinder scheinbar nicht mehr leben können, kann teuer werden.
11. Den Film, über __________ ich euch berichtete, gibt es heute im Fernsehen.
12. Ein Lehrer, __________ Urteil gerecht ist, wird akzeptiert.
13. Gisela, __________ alle sehr schätzen, wechselt leider die Schule.
14. Ich und die anderen, __________ das gesehen haben, wurden als Zeugen einvernommen.
15. Du, __________ so etwas erlebt hat, bist zu beneiden.
16. Das Mädchen, __________ mir gleich aufgefallen war, kannte niemand von uns.
17. Er suchte einen Hammer, mit __________ er einen Haken einschlagen wollte.
18. Er trug ein Gewand, __________ sonst eher bei einem Maskenfest üblich ist.
19. Frau Skof, __________ als Serviererin arbeitet, ist immer zu allen freundlich.
20. Ein guter Freund ist ein Mensch, zu __________ man auch in schlechten Zeiten steht.

Kontrolle und Ergebnis

Von den 20 Relativpronomen sind ______ richtig. Multipliziere die Zahl der richtigen Lösungen mit 5.

Das ergibt ______ %.

104 Präpositionen erkennen

Nicht alle Wörter, die wie Präpositionen aussehen, sind auch welche. Hier einige Beispiele:

*Er geht **zu** dir.*	→ *zu*	= Präposition
*Er liebt **zu** scherzen.*	→ *zu*	= Wörtchen vor Infinitiv
*Er sperrt **zu**.*	→ *zu*	= Verbzusatz des Wortes „zusperren"
***Bis** er kommt, warte ich.*	→ *bis*	= Bindewort (Konjunktion)
*Der Golfsport ist **in**.*	→ *in*	= Wort mit der Bedeutung „modern"

Bestimme jeweils das *kursiv* geschriebene Wörtchen.

1. Er kommt heute *zu* mir. zu = ______
2. Die Bank dreht den Geldhahn *zu*. zu = ______
3. Endlich scheint er *zu* verstehen. zu = ______
4. Er fällt *zu* oft unangenehm auf. zu = ______
5. Er arbeitet *auf* dem Dach. auf = ______
6. Der Zug fährt *bis* Paris. bis = ______
7. Die Kinder sind *bis* zu vierzehn Jahren. bis = ______
8. Ich warte, *bis* er kommt. bis = ______
9. *Während* des Gewitters fiel der Strom aus. während = ______
10. *Während* es donnerte, schlief er. während = ______
11. Viele kamen *um* ihr Leben. um = ______
12. Der Sturm warf alle Gläser *um*. um = ______
13. Sie kamen, *um* Hilfe zu leisten. um = ______
14. Er kam *um* sieben Uhr. um = ______
15. Sie blies die Kerze *aus*. aus = ______
16. *Aus* Rücksicht drehte er das Gerät leiser. aus = ______
17. Ich dachte: „Jetzt ist es *aus* mit mir." aus = ______
18. Viele Gäste kommen *aus* dem Ausland. aus = ______
19. Er schaffte den Sieg *ohne* Mühe. ohne = ______
20. Er trat ein, *ohne* zu grüßen. ohne = ______

Kontrolle und Ergebnis

Von den 20 Bestimmungen sind ______ richtig. Multipliziere die Zahl der richtigen Entscheidungen mit 5. Das ergibt ______ %.

105 Präpositionen mit dem Dativ und/oder Akkusativ

Präpositionen regieren einen bestimmten Fall = Kasus, wie
- den Dativ: *aus, außer, bei, binnen, dank, entgegen, fern, gegenüber, gemäß, mit, nach, nächst, nahe, ab, samt, seit, von, zu, zunächst ...;*
- den Akkusativ: *durch, für, gegen, ohne, per, um, wider;*
- den Dativ auf die Frage Wo? oder den Akkusativ auf die Frage Wohin?: *an, auf, hinter, in, neben, über, unter, vor, dazwischen.*

Entscheide und trage den Artikel ein.

1. gegen ________ Strom schwimmen
2. hinter ________ Kulissen schauen
3. gegenüber ________ Bahnhof wohnen
4. mit ________ Cabrio fahren
5. ohne ________ Eltern kommen
6. durch ________ Los entscheiden
7. über ________ Zaun schauen
8. vor ________ Publikum reden
9. vor ________ Publikum treten
10. bis in ________ Nacht arbeiten
11. samt ________ Geld unglücklich sein
12. für ________ Leben lernen
13. zwischen ________ Stühlen sitzen
14. sich zwischen ________ Stühle setzen
15. an ________ Vereinbarung denken
16. wider ________ Natur handeln
17. dank ________ raschen Handeln
18. binnen ________ Frist zahlen
19. nahe ________ Sportplatz wohnen
20. vor ________ Hunde gehen
21. gemäß ________ Regeln handeln
22. an ________ Folgen leiden
23. an ________ Folgen denken
24. an ________ Grenze kontrollieren
25. nach ________ Kino fragen
26. bei ________ Eingeborenen leben
27. unter ________ Brücke schlafen
28. unter ________ Decke kriechen
29. auf ________ Seil tanzen
30. auf ________ Signal achten
31. auf ________ Barrikaden steigen
32. auf ________ Waren sitzen bleiben
33. ohne ________ Freund da sein
34. seit ________ Kindertagen
35. um ________ Vermögen kommen
36. über ________ Kamm scheren
37. unter ________ Kasten liegen
38. zu ________ Wurzeln zurückkehren
39. nahe ________ Rathaus parken
40. an ________ Ende denken

Kontrolle und Ergebnis

Von den 40 Artikeln sind ______ richtig. Multipliziere die Zahl der richtigen Entscheidungen mit 2,5.

Das ergibt ______ %.

106 Präpositionen mit dem Genitiv

Die folgenden Präpositionen werden in der gehobenen Sprache mit dem Genitiv verwendet: *abseits, abzüglich, anfangs, angesichts, (an)statt, außerhalb, innerhalb, oberhalb, unterhalb, diesseits, jenseits, halber, infolge, inmitten, kraft, laut, mittels, unfern, ungeachtet, unweit, vermöge, während, wegen, um – willen, zeit, zufolge, zuzüglich ...*
In der Umgangssprache wird häufig der Dativ verwendet. In der Hochsprache ist der Dativ vertretbar,
- wenn ein zweiter Genitiv hinzukommt: *wegen Omas Geburtstag statt wegen Omas Geburtstages;*
- wenn der Genitiv nicht erkennbar ist: *innerhalb zehn Tagen* statt ***innerhalb zehn Tage***.

Schreibe die Fügungen im richtigen Fall auf.

1. innerhalb/die Grenzen ______
2. längs/das Getreidefeld ______
3. mittels/ein Nagel ______
4. binnen/drei Tage ______
5. außerhalb/der Friedhof ______
6. während/die letzten Jahre ______
7. zufolge/sein Wunsch ______
8. unweit/die Toiletten ______
9. wegen/der Urlaub ______
10. statt/die Blumen ______
11. statt/Vaters guter Plan ______
12. trotz/schwere Gewitter ______
13. aufgrund/ein Rohrbruch ______
14. während/vierzehn Tage ______
15. infolge/eine Erhöhung des Preises ______
16. laut/meine Zahlungsbelege ______
17. ungeachtet/das Schlechtwetter ______
18. außerhalb/das Strandbad ______
19. wegen/Großmutters Begräbnis ______
20. unweit/die U-Bahn-Station ______

Kontrolle und Ergebnis

Von den 20 Fügungen sind ______ richtig. Multipliziere die Zahl der richtigen Entscheidungen mit 2,5.

Das ergibt ______ %.

107 Fügungen mit Präpositionen

Präpositionen können in Fügungen unterschiedlich verwendet werden:
- als Teil einer Vorwortergänzung: *sich* ***nach Frieden*** *sehnen;*
- als Teil einer Umstandsergänzung: ***nach Amerika*** *fliegen;*
- als Teil eines Präpositionalattributes: *die Sehnsucht* ***nach Sonne*** *verstehen.*

Unterstreiche die Fügung mit der Präposition und bestimme ihre Verwendung. Kreuze an.

	Vorwort-ergänzung	Umstands-ergänzung	Präpositional-attribut
1. seit drei Wochen krank sein			
2. über jemanden lachen			
3. Krems an der Donau besuchen			
4. den Flug nach China stornieren			
5. zu Fuß gehen			
6. aus Furcht schweigen			
7. während der Ferien arbeiten			
8. an bessere Zeiten denken			
9. Eis mit Schlagobers bestellen			
10. zur Ungenauigkeit neigen			
11. sich vor Lachen krümmen			
12. mit der Hand schreiben			
13. bei meinem Onkel Urlaub machen			
14. bis morgen bleiben			
15. die Tante aus Australien empfangen			
16. an das Glück glauben			
17. einen Vortrag über Drogen besuchen			
18. sich vor Einbrechern fürchten			
19. auf dem Mond leben			
20. die Erinnerung an früher auffrischen			

Kontrolle und Ergebnis

Von den 20 Bestimmungen sind ______ richtig. Multipliziere die Zahl der richtigen Entscheidungen mit 2,5. Das ergibt ______ %.

108 Wortarten bestimmen

Bestimme in folgenden Sätzen die Wortart und schreibe sie daneben auf. Verwende die Abkürzungen: N = Nomen, V = Verb, HV = Hilfsverb, Adj. = Adjektiv, Adv. = Adverb, Präp. = Präposition, Pron. = Pronomen, Num. = Numerale, best. A = bestimmter Artikel, unbest. A = unbestimmter Artikel.

Am ____________
Abend ____________
erwarteten ____________
die ____________
Eltern ____________
mit ____________
Spannung ____________
den ____________
Freund ____________
ihres ____________
Sohnes. ____________

Um ____________
sieben ____________
Uhr ____________
läutete ____________
jemand ____________
an ____________
der ____________
Tür ____________
der ____________
Wohnung. ____________

Rasch ____________
ging ____________
Vater ____________
zur ____________
Tür. ____________

Aus ____________
Vorsicht ____________
öffnete ____________
er ____________
sie ____________
ganz ____________
langsam. ____________

Wer ____________
stand ____________
vor ____________
ihm? ____________

Unser ____________
Onkel ____________
aus ____________
Australien ____________
stand ____________
draußen. ____________

Die ____________
Überraschung ____________
war ____________
ihm ____________
voll ____________
geglückt. ____________

Kontrolle und Ergebnis

Von den 49 Wortartbestimmungen sind ______ richtig. Multipliziere die Zahl der richtigen Bestimmungen mit 2. Das ergibt ______ %.

109 Wortanalysen

Eine Wortanalyse umfasst die Bestimmung der Wortart und der grammatischen Form.
Folgendes wird bei den veränderbaren Wortarten bestimmt:
Nomen und **Artikel**: *Geschlecht, Zahl, Fall*
Verb: *Person, Zahl, Zeit, Form* (aktiv oder passiv), *Aussageweise* (Ind. oder Konj.)
Adjektiv: *Vergleichsform* (Positiv, Komperativ, Superlativ), *Gebrauch* (beif., umstandsw.)
Pronomen: *pers., besitzanz., frag., unbest. Fürw., Person, Geschlecht* (nicht immer feststellbar), *Zahl, Fall*

Schreibe die Wortart auf. Verwende Abkürzungen wie bei Übung 108. Bestimmte dann die veränderbaren Wortarten genauer.

Am	________
Abend	________, ________, ________, ________
erwartete	________, ________, ________, ________, ________, ________
die	________, ________, ________, ________
Mutter	________, ________, ________, ________
mit	________
großer	________, ________, ________
Freude	________, ________, ________, ________
den	________, ________, ________, ________
Freund	________, ________, ________, ________
ihres	________, ________, ________, ________, ________
Sohnes.	________, ________, ________, ________

Um	________
sieben	________
Uhr	________, ________, ________, ________
läutete	________, ________, ________, ________, ________, ________
jemand	________, ________, ________, ________
an	________
der	________, ________, ________, ________
Tür	________, ________, ________, ________
der	________, ________, ________, ________
Wohnung.	________, ________, ________, ________

Kontrolle und Ergebnis

Von den 77 Angaben sind ______ richtig. Multipliziere die Anzahl der richtigen Entscheidungen mit 1,3.

Das ergibt ______ %.

110 Satz- und Wortanalysen

Satzanalyse nennt man die Bestimmung der Satzglieder. Siehe Übung 90!
Wortanalyse nennt man die Bestimmung der Wortart und der grammatischen Form. Siehe Übung 109.

Bestimme in der linken Spalte die Satzglieder, in der rechten die Wortarten. Verwende die Abkürzungen von Übung 90 und 109.

Aus		________
Freude	________	________, ________, ________, ________
machte	________	________, ________, ________, ________, ________, ________
sie	________	________, ________, ________, ________, ________
einen		________, ________, ________, ________
mächtigen	________	________, ________, ________
Luftsprung.		________, ________, ________, ________

Die		________, ________, ________, ________
Überraschung	________	________, ________, ________, ________
gelang	________	________, ________, ________, ________, ________, ________
ihr	________	________, ________, ________, ________, ________
bestens.	________	________, ________, ________

Meine		________, ________, ________, ________
Mutter	________	________, ________, ________, ________
nahm		________, ________, ________, ________, ________, ________
sich	________	________
sofort	________	________
des		________, ________, ________, ________
Gastes	________	________, ________, ________, ________
an.	________	________

Kontrolle und Ergebnis

Von den 87 Eintragungen sind ______ richtig. Multipliziere die Zahl der richtigen Eintragungen mit 1,1.

Das ergibt ______ %.

111 Satz- und Wortanalysen

Satzanalyse nennt man die Bestimmung der Satzglieder. Siehe Übung 90!
Wortanalyse nennt man die Bestimmung der Wortart und der grammatischen Form. Siehe Übung 109.

Bestimme in der linken Spalte die Satzglieder, in der rechten die Wortarten. Verwende die Abkürzungen von Übung 90 und 109.

Der		______, ______, ______, ______
Restmüll	______	______, ______, ______, ______
wird	______	______, ______, ______, ______, ______, ______
jeden		______, ______, ______, ______, ______
ersten		______
Montag	______	______, ______, ______, ______
im		______
Monat		______, ______, ______, ______
abgeholt.	______	______

Für		______
das	______	______, ______, ______, ______
Recycling		______, ______, ______, ______
sammeln	______	______, ______, ______, ______, ______, ______
wir	______	______, ______, ______, ______
die	______	______, ______, ______, ______
kostbaren	______	______, ______, ______
Stoffe		______, ______, ______, ______
getrennt.	______	______

Kontrolle und Ergebnis

Von den 70 Eintragungen sind ______ richtig. Multipliziere die Zahl der richtigen Eintragungen mit 1,4.

Das ergibt ______ %.

Meine persönliche Fehlerwörter-Liste

Fehlerwort mit Kennzeichnung der Problemstelle	Wörterbuchseite (zB Österreichisches Wörter-buch, Duden ...)	Weitere Wörter zu diesem Stichwort/Fehlerwort
Stu**rz**	579 (Öst. Wörterbuch)	Stu**rz**acker, Stu**rz**bach, stü**rz**en

Meine persönliche Fehlerwörter-Liste

Fehlerwort mit Kennzeichnung der Problemstelle	Wörterbuchseite (zB Österreichisches Wörter-buch, Duden ...)	Weitere Wörter zu diesem Stichwort/Fehlerwort

Meine persönliche Fehlerwörter-Liste

Fehlerwort mit Kennzeichnung der Problemstelle	Wörterbuchseite (zB Österreichisches Wörterbuch, Duden ...)	Weitere Wörter zu diesem Stichwort/Fehlerwort

DAS ERFOLGREICHE DURCHSTARTEN-LERNKONZEPT FÜR BESSERE NOTEN IM ÜBERBLICK:

DURCHSTARTEN – die LERNTRAINER
- ☑ Erklärungen – so ausführlich, wie möglich
- ☑ Übungen mit Musteraufgaben
- ☑ Abschlussübungen am Kapitelende inkl. Rückmeldung zum Lernfortschritt

DURCHSTARTEN – die LERNPSYCHOLOGEN
- ☑ Lerntypentest und lerntypengerechtes Üben
- ☑ Lerntipps zu Arbeitsplatz, Zeitmanagement, Konzentration, Entspannung, Prüfungen, Schularbeiten
- ☑ Lernportionierung – Pausensymbole teilen die Übungszeit sinnvoll ein

DURCHSTARTEN – die SCHULRECHTSBERATER
- ☑ Infos für Eltern und SchülerInnen aus dem Schulrecht zu Benotung, Prüfungen, Schularbeiten, Frühwarnsystem, Aufsteigen mit einem „Nicht genügend“, Berufung, Wiederholungsprüfung

DURCHSTARTEN – die PRÜFER
- ☑ Probeschularbeiten mit Auswertung

DURCHSTARTEN – die SPASSMACHER
- ☑ Unterhaltung mit den Comics und Geschichten zu Enzo und Emmy, deren Nachhilfelehrerin Miss Minus und Ex-Direktor Fies
- ☑ Vierfarbigkeit und tolle Optik

DURCHSTARTEN – die AUFLÖSER
- ☑ Lösungsheft – beigelegt

DURCHSTARTEN – die ONLINE-TRAINER unter www.durchstarten.at
- ☑ Durchst@rten-Online-Service mit vielen zusätzlichen Angeboten wie dem Durchstarten Zeit- und Lernplaner

DURCHSTARTEN – der Vorbereiter auf die Bildungsstandards

DURCHSTARTEN hat einen Partner:
- ☑ **DURCHSTARTEN – DEIN ÜBUNGSBUCH** mit mehr als 3000 Übungen pro Band

hier abtrennen ✂

Eltern-Infoscheck GRATIS!

Bitte ankreuzen: Mein Kind besucht derzeit die

❑ 1. Klasse ❑ 2. Klasse ❑ 3. Klasse ❑ 4. Klasse

❑ Hauptschule

❑ AHS-Unterstufe

❑ Polytechnische Schule

❑ Sonstige ....

Ich bin damit einverstanden, dass meine Daten elektronisch gespeichert werden und für Marketingzwecke von VERITAS bzw. den kooperierenden Buchhandlungen verwendet werden.

Datum/Unterschrift

Nicht verändern würden sich der *Taxifahrer*, das *Mixgetränk* oder der *Export*. Wie aber müsste man den Bu**chs**baum schreiben? Für den Schreiber wäre vielleicht eine Fi**x**ierung auf nur ein Schriftzeichen eine Erleichterung, das Lesen eines Te**x**tes würde allerdin**gs** erschwert. Im Wort *Lin**ks**außen*, geschrieben als *Linxaußen*, würde man nicht gleich erkennen, dass es sich um den linken Flügelstürmer handelt. Eine *Se**chs**tagewoche* könnte man nicht mehr von einem *Se**x**attentat* unterscheiden. Wer also blindlin**gs** solche Vereinfachungen fordert, muss sich klar sein, dass er schnurstra**cks** ein anderes Problem eröffnet.

Übung 8

Es lebten einmal ein schlauer **F**uchs und ein böser Wol**f**. Eines Tages trafen sie sich au**f** einer **V**iehweide. Eine Stute graste **f**riedlich mit ihrem Fohlen. **V**oll Übermut und **F**reude sprang das Junge um die Mutter. Einmal tanzte es auf den Hinter**f**üßen, einmal au**f** den **V**order**f**üßen. Es ent**f**ernte sich aber nicht zu weit **v**on der Stute. Dem Wolf lie**f** **v**or Gier das Wasser im Mund zusammen. Er **f**orderte den **F**uchs au**f**: „Frag doch die Stute, welchen Preis sie **f**ür das Fohlen **f**ordert.“ **V**orsichtig näherte sich der **F**uchs **v**on **v**orne den beiden Tieren. „Wie **v**iel forderst du **f**ür dein Fohlen?“, fragte er **v**erlegen. „Unten auf meinem Hinterhuf steht die **F**orderung“, antwortete die Stute. Der Fuchs lie**f** zum Wolf und überbrachte ihm die Auskun**f**t. Der Wolf war**f** dem Fuchs **v**or, warum er die Nachricht nicht gelesen habe. Dem Fuchs **f**iel gleich eine gute Ausrede ein. Er meinte, dass Lesen **v**iel zu anstrengend sei, und schlich sich **f**ort. Der Wolf war aber **f**est entschlossen, die **F**orderung zu lesen und das **F**ohlen zu **f**ressen. Die Stute er**f**üllte seinen Wunsch. Sie hob den Huf, der **f**risch beschlagen war. Als sich der Wolf bückte, **v**ersetzte ihm die Stute einen gezielten Schlag. Der Wolf **f**iel zu Boden, Stute und **F**ohlen ent**f**ernten sich zu**f**rieden.

Übung 9

Viele **M**enschen **g**lauben, **d**ass **d**er Mond **d**as **W**etter **b**eeinflusst. **F**ür **d**iese **M**einung **g**ibt **e**s **e**ine **e**infache **E**rklärung: **B**ei **k**larem **H**immel **k**ann **m**an **d**en **V**ollmond **s**ehen. **D**aher **g**ilt **d**er **V**ollmond **a**ls Schönwetterbote. **I**n **W**ahrheit **r**eichen **d**ie **K**räfte **d**es **M**ondes **n**icht **a**us, **d**as **W**ettergeschehen **m**itzugestalten. **A**uch **F**röschen **u**nd **K**röten **s**chreibt **m**an **d**ie **F**ähigkeit **z**u, **s**chlechtes **W**etter **v**orher **z**u **s**püren. **D**och **a**uch **h**ier **k**ann **d**ie **W**issenschaft **k**einen **B**eweis **l**iefern. **I**m **M**ittelalter **w**urden **d**ie **W**etterhexen **f**ür **U**nwetter **v**erantwortlich **g**emacht. **W**egen **i**hrer **Z**auberkräfte **l**andeten **S**chuldlose **a**uf **d**em **S**cheiterhaufen. **N**och **h**eute **s**oll **g**egen **U**nwetter **d**as **L**äuten **d**er **K**irchenglocken **o**der **d**as **A**nrufen **e**ines **W**etterpatrons **s**chützen. **D**urch **d**as **B**eobachten **d**es **W**etters **e**ntstanden **W**etterregeln, **d**ie **v**on **G**eneration **z**u **G**eneration **ü**berliefert **w**urden. **S**olche **R**egeln **s**tützen **s**ich **a**uf **l**angjährige **N**aturbeobachtungen **u**nd **h**aben **m**eist **e**inen **w**ahren **K**ern, **w**ie **z**um **B**eispiel: „**W**enn's **z**u **L**ichtmess **s**türmt **u**nd **s**chneit, **i**st **d**as **F**rühjahr **n**icht **m**ehr **w**eit.“ **L**ichtmess **i**st **a**m 2. **F**ebruar. **W**enn **b**is **d**ahin **H**ochwinter **h**errscht, **i**st **d**ie **U**mstellung **a**uf **w**armes **F**rühlingswetter **w**ahrscheinlich.

Übung 10

Lieber Urlaubsgast!

Wir gratulieren **I**hnen zu **I**hrer Entscheidung, **I**hren Winterurlaub in unserem weltbekannten Schiort zu verbringen. Wir sind bemüht, **S**ie auf allen Gebieten zu verwöhnen. So haben wir für **S**ie eine Gästekarte vorbereitet, mit der **S**ie viele Einrichtungen gratis oder stark ermäßigt nutzen können. In **I**hrem Quartier kann **s**ie angefordert werden. Wir möchten höflich hinweisen, dass mit **i**hr auch ein Schipass für eine Woche Liftbenützung billiger erworben werden kann. Ohne **s**ie sollten **S**ie nie in unserem Ort unterwegs sein. Wollen **S**ie ins Erlebnishallenbad gehen, so ist der Eintritt mit **i**hr für **S**ie gratis. Selbstverständlich können auch **I**hre Kinder diesen Vorteil nutzen. Zusätzlich haben wir für **I**hre Kleinsten eine Krabbelstube eingerichtet. Dort werden **s**ie von einem pädagogisch geschulten Personal betreut, und **S**ie, verehrter Wintergast, können in dieser Zeit sorgenfrei Schi fahren. Zum Schluss noch eine Information zu unseren Pisten. Wir pflegen **s**ie täglich, sodass **S**ie wie auf frischem Pulverschnee ins Tal wedeln werden. Weitere Informationen erhalten **S**ie direkt in unserem Tourismusbüro, wo **I**hnen unser fachkundiges Personal rund um die Uhr zur Verfügung steht. Fühlen **S**ie sich wie zu Hause und empfehlen **S**ie uns bitte weiter.

Ihr Tourismusteam

Übung 11

Die korrigierten Fehlerstellen sind im **Fettdruck** zu sehen.

Der Wald ha**t** viele Nutzer. Für den Sch**w**ammerlsucher ist er ein wichtige**r** Erh**o**lungsraum. Wald ist wegen der Holznutzung und der Jag**d** ein bedeutender Wirtschaft**s**raum. Zu erw**äh**nen ist auch noch seine Schutzfunk**t**ion als Ba**nn**wald. Er stabilisiert die Schneedecke, speichert Trinkwasser und versorgt uns mit **s**auerstoffreicher Luft. Aus diesen unterschiedlichsten Interessen ergeben sich Konflikte. Diese werden in unserer Gesellschaft durch Gesetze entschärft. Im Öste**rr**eichischen Forstgesetz steht, dass sich jederma**nn** im Wald zu Erholungszwecke**n** aufhalten darf. Jungkulturen, die niedriger als drei Meter sind, dürfen ge**n**erell nicht betreten werden. Der Schwammerl**j**äger darf nur für den Eigenbedarf Pilze sammeln, we**nn** der Waldbesitzer sich die „kleine Waldnutzung“ nicht ausni**mm**t. Laut Statis**t**ik gab es im Jahre 2002 nur 65 Übertretungen gegen das Forstgesetz. Als Gast sollen wir uns auf jeden Fall rücksichtsvo**ll** gegenüber der Natur, dem Besitzer und den anderen **N**utzern verhalten. Im Wald lauern auch verste**ck**te Gefahren. So können Zecken die FSME übertragen, aber auch stechende Insekten können einen a**ll**ergischen Scho**ck** auslösen. Auch Gewitter sind im Wald nich**t** ungefährlich. Wenn dich im Wald Blitz und Donner übe**rr**aschen, verla**ss**e sofort exponierte Stellen.

Übung 12

Die korrigierten Fehlerstellen sind im **Fettdruck** zu sehen.

Jeder von uns wei**ß**, dass die Sonne als Energiespender allen koste**n**los zur Verfügung steht. Viele Ko**n**gresse haben sich schon mit Energie aus Sonne, Wind und Bioma**ss**e beschäftigt. Die jährliche Bio-Messe zeig**t** den Besuchern die bessere Ausnutzung der alternativen Energieträger. Gegner der Alte**r**nativenergien verweisen immer wieder, da**ss** sich Investitionen in diese erneu**e**rbaren Energien nicht rech**n**en. Jede Ölpreiserhö**h**ung heizt die Di**s**kussion über preiswerte Alternativen an. Die Erdölwirtschaft hat wenig Intere**ss**e an einer Förderung von Biospri**t** oder Biostrom. Sie se**tz**t weiter auf fo**ss**ile Brennstoffe. Vertreter meinen, dass Erdgas aus Russland, Erdöl aus dem **N**ahen Osten oder Stromimpor**t**e auch in Zuku**nft** unsere Energieversorgung sichern. Dass Atomkraftwerke eine gro**ß**e Gefahr für Mensch und Umwe**lt** darstellen, weiß man spätestens seit der Katastrophe von Tschernobyl. In dem Bewu**ss**tsein, dass es in Öste**rr**eich keinen Atomstrom gibt, könnte man sich gelassen zurücklehnen. Angeblich wird aber auch Atomstrom i**m**portiert, sodass de**s**halb auch der Kunde in Österreich ungewo**ll**t Atomstrom kaufen muss. Doch spätestens bis alle Ressourcen aufgeb**r**aucht sind, werden auch die Bef**ü**rworter herkömmlicher Energieformen ein Zugeständni**s** an die Ökoenergie machen müssen.

Übung 13

Die korrigierten Fehlerstellen sind im **Fettdruck** zu sehen.

Die Jahreszeiten entste**h**en durch die Drehung der Erde um die Sonne. Die Er**db**ahn ist um 23,5 Gra**d** geneigt. Durch diese schiefe Ebene wird im Laufe eines Jahres die Erdkugel unterschie**d**lich bestra**h**lt. Im Herbst und Frü**h**ling werden die Nord- und Süd**h**al**b**kugel gleich ausgeleuchtet. Die Sonne steht am Äqua**t**or im Zenit. Die beiden Polkappen werden gerade noch beschienen. Die Ta**g**e und Nächte sind gleich lang. Schneeglö**ck**chen zeigen sich schon im sp**ä**teren Winter als Vorboten des lang erse**h**nten Frühjahres. Alle sehnen sich nach der Wärme, sp**ü**ren den hera**nn**ahenden Frühling und bestaunen die ersten Bl**ü**ten. Bald kehren die Zugvögel zurück. Überall in der Natur kann man das fröhliche Vogelge**z**witscher hören. Die Sonne steigt von Tag zu Tag h**ö**her. Sie erreicht **i**hren Höchststand am 21. Juni. Der Sommeranfang wird gebühren**d** gefeiert. Sonnwendfeuer lodern landauf und landab. Nun beginnt auch die **U**rlaubszeit. Viele Städter flie**h**en vor der Hitze und Schw**ü**le ans M**ee**r. Doch viel zu schnell muss man Abschied vom Sommer nehmen. Der Spätsommer zie**h**t ins Land und lädt zum Wandern in die alp**i**nen Zonen ein. Doch bald künden Nebelschwaden, Nach**t**fröste und orkana**r**tige Stürme den nahenden Winter an.

Übung 14

Die korrigierten Fehlerstellen sind im **Fettdruck** zu sehen.

Man liest in der Zeitung und sie**h**t im TV manch Wissenswertes über die Haltung von Haustieren und von Nu**tz**vieh.
Bel**ie**bte Haustiere sind zum Beispiel Hunde, Katzen, aber auch Kan**i**nchen.
Seltener – und das trotz des W**i**derstandes der Mieter – werden Krokodile und andere Reptilien in den Wohnungen geha**lt**en. Eine Riesenechse in der Badewanne ist schließlich nicht jederma**nn**s Sache.
Das **A**ufziehen eines Tigers im Wohnzimmer widersp**r**icht der Hausordnung und st**ö**rt den Hausfrieden.
Nicht alle Hausherren machen zu den Lieblingen der Mieter eine gute M**ie**ne. Manche verbieten die Tierhaltung in den Wohnungen, manche gestatten diese bis auf Wide**rr**uf.
Haustiere führen auch h**ie** und da zu einer Kr**i**se in den na**chb**arschaftlichen Beziehungen. Sind beide Seiten unnachg**ie**big, braucht man einen Schiedsrichter, mitunter g**i**bt es auch ein Wiedersehen vor dem Richter.
Keine Problem**e** machen dagegen Z**ie**rfische in einem Aquarium oder Vögel mit ihrem bunten Gefieder. Die Haltung von Vögeln in K**ä**figen wird wiederum von Tierschützern kritis**ie**rt.
Wer sich für einen Vierbeiner entsch**l**ießt, muss auch für das en**t**sprechende Qua**r**tier und für die medizi**n**ische Betreuung sorgen. Weiters ist zu bedenken, da**ss** Haustiere nicht den Kindern als Spielzeug dienen so**ll**ten.

Übung 15

Die korrigierten Fehlerstellen sind im **Fettdruck** zu sehen.

Oft vergleicht man die rei**z**volle Wachau mit dem Rhei**n**tal zwischen Mainz und Koblenz. Beide Stromtäler schl**ä**ngeln sich du**r**ch Bergländer und sehen sich in ihrem äußeren Erscheinungsbild sehr ähnlich.
Die Weinreben sind das Ma**r**kenzeichen beider Täler. Der Weinbau ist nicht nur die Exist**e**nzgrundlage vieler Mensche**n**, sonder**n** lockt auch unzählige G**ä**ste aus nah und fern an.
Das **B**ewirtschaften der steilen Hänge war sei**t** eh und j**e** äußerst anstrengend. Die Winzer mussten schon immer die Ärmel aufkr**e**mpeln, um die Weingärten zu bearbeiten. Der Lohn der Arbeit ist ein ausgezeichnetes T**r**öpfchen, das in den besten Häusern krede**nz**t wird.
An beiden Ufern s**ä**umen malerische Städtchen den Strom. Alte Gebäude und enge Gässchen pr**ä**gen die Ortskerne.
Im Wonnemonat Mai beginn**t** die Reisezeit für unzählige Touristen.
Hotels, Gästehäuser und Privatqua**r**tiere behe**r**bergen in- und ausländische Touristen. Sie besuchen nicht nur die Heurigenlokale und Weinschenken, sondern besichtigen auch die Kulturdenkm**ä**ler wie Burgen, Ruinen oder We**h**rkirchen.
Wegen der verträumten Landschaft sind die Stromtäler oftmals Drehorte für Heimatf**il**me und liefern den Hintergrund für Heimatsagen. Unverge**ss**lich bleibt die Sage vom Lorel**ei**felsen oder vom Sänger Blondl.

Übung 16

Die korrigierten Fehlerstellen sind im **Fettdruck** zu sehen.

Explosi**v**laute bereiten beim **S**chreiben Probleme. Sie können stimmhaft gesprochen und als b im Wort *Brot*, als d im W**or**t *drehen* und als g im Wort *gehen* geschrieb**e**n werden.
Anderseits werden sie stimmlos gesprochen und als p im Wort *pi**ck**ig*, als t im Wort *trüb* oder als k im Wort *kühl* versch**r**iftet.
Stehen diese Laute zwischen zwei Vokalen, hört man den Un**t**erschied zwischen den stimmlosen und den stimmhaften Ko**n**sonanten deutlich.
Am Wortanfang und am Worten**d**e ist eine Entscheidung schwierig.
Du**r**ch das Verlängern des Wortes kannst du dir am Wortende helfen:
trüb → *trüber, Hem**d*** → *Hemden, Zwerg* → *Zwe**r**ge.*
Bei Unsicherheiten am Anfang des Wortes **p**robiere das Wort mit der gegens**ä**tzlichen Artikulation: *Kante* oder *Gante*, *Boden* oder *Poden*, *Dackel* oder *Tackel*. Du darfst ruhig die Ausspr**a**che übertreiben.
In manchen Fällen nützt auch die deutlichste Artikula**t**ion nichts, zum Beispiel bei *De**t**ektiv*. Diese gefährlichen Stellen muss man sich einpr**ä**gen.

Mit der unterschiedlichen Aussprache und Schreibung verän**d**ert sich mitunter die Wortbe**d**eutung. So kann man an Gott *glauben*, aber auch *Kartoffel **k**lauben*. Man liegt mit *Grippe* im Bett, aber das Jesukind lag in der *Krippe*.

Übung 17

Die korrigierten Fehlerstellen sind im **Fettdruck** zu sehen.

„Rechtsch**r**eiben ist keine Hexerei!", behaupten die einen.
„Rechtschreiben ist eine verflixte Sache!", meinen fu**chs**teufelswild die anderen.
Allerdings muss man fest**st**ellen, dass auch für erwachsene Menschen da**s** Rechtschreiben eine Mur**k**serei ist. Längs**t** wäre eine gründliche Rechtschreibreform f**ä**llig, die die Praxis des Schreibens wirksam erleichtert. Würde man zum Beispiel für den ks-Laut nur das Schrif**t**zeichen x verwenden, dann müssten wir *links* als *linx* oder den Tintenkle**ck**s als *Tintenklex* schreiben. Aus *ringsum* würde *rinxum*, aus der *Eide**chs**e* eine *Eidexe* und aus den *Weihnachtskeksen* würden die *Weihnachtskexe*. Der *Büchsenmacher* wäre der *Büxenmacher* und die *W**e**chselstube* die *Wexelstube*. Nicht verändern würden sich der *Taxifahrer*, das *Mixgetr**ä**nk* oder der *Export*. Wie aber müsste man den Bu**chs**baum schreiben?
Für den Schreiber wäre vie**ll**eicht eine Fixierung auf nur ein Schriftzeich**e**n eine Erleichterung, das Lesen eines Textes würde allerdings erschw**e**rt.
Im Wort *Linksaußen*, geschrieben als *Linxaußen*, würde man nicht gleich erkennen, dass es sich um den linken Flügelstürmer hande**l**t. Eine *Sechstagewoche* könnte man nicht mehr von einem *Sexa**tt**entat* unterscheiden.
Wer also blindlin**gs** solche Vereinfachungen fordert, muss sich kl**a**r sein, dass er schnurstra**cks** ein anderes Problem eröffnet.

Übung 18

Die korrigierten Fehlerstellen sind im **Fettdruck** zu sehen.

Es lebten einmal ein schlauer Fu**chs** und ein böser Wolf. Eines Tages trafen sie sich auf einer Viehw**ei**de. Eine Stute graste friedlich mit ihrem F**oh**len. Voll Übermut und Freude sp**r**ang das Junge um die Mutter. Einmal ta**nz**te es auf den Hinterfüßen, einmal auf den **V**orderfüßen. Es entfernte sich aber nicht zu weit von der Stute.
Dem Wolf lief vor Gier das Wasser im Mund zusamme**n**. Er **f**orderte den Fuchs auf: „Frag doch die Stute, welchen Preis sie für das Fohlen forde**r**t."
Vorsichtig näherte sich der Fuchs von vorne den beiden Tieren.
„Wie **v**iel forderst du für dein Fohlen?", fragte er verl**e**gen.
„Unten auf meinem Hinterhuf steht die **F**orderung", antwortete die Stute.
Der Fuchs lief zum Wolf und überb**r**achte **ih**m die Auskunft.
Der Wolf warf dem **F**uchs vor, warum er die Nachrich**t** nicht gelesen habe. Dem Fuchs **f**iel gleich eine gute Ausrede ein. Er meinte, dass Lesen viel zu anstrengend sei, und schlich sich **f**ort. Der Wolf war aber **f**est entschlossen, die Forderung zu lesen und das Fohlen zu fressen.
Die Stute erfüllte seinen Wunsch. Sie hob den Huf, der frisch beschlagen war. Als sich der Wolf bückte, verse**tz**te ihm die Stute einen gezielten Schlag. Der Wolf fiel zu Boden, Stute und Fohlen entfer**nt**en sich zufrieden.

Übung 19

Die korrigierten Fehlerstellen sind im **Fettdruck** zu sehen.

Viele Menschen **g**lauben, dass der Mond das Wetter beeinf**l**usst.
Für diese **M**einung gibt es eine einfache Erkl**ä**rung: Bei **k**larem Himmel kann man den **V**ollmond sehen. **D**aher gilt der Vollmond als Schönwetterbote. In Wahrheit **r**eichen die Kräfte des Mondes nicht aus, da**s** Wettergeschehen mitzugestalten.
Auch Fröschen und **K**röten schreibt man die Fähigkeit zu, schlechtes Wetter vorher zu sp**ü**ren. Doch auch hier kann die Wissenschaft keinen **B**eweis liefern.
Im Mittelalter wurden die Wetterhexen für Unwetter verantwortlich gemacht. Wegen **i**hrer Zauberkräfte landeten **S**chuldlose auf dem Schei**t**erhaufen. Noch **h**eute soll gegen Unwetter das **L**äuten der Kirchenglocken oder das Anrufen eines Wetterpatrons schützen.
Durch das **B**eobachten des Wetters entstanden Wetterregeln, die von Generation zu Generation überliefer**t** wurden.
Solche **R**egeln stützen sich auf langjährige Naturbeobachtungen

und haben meist einen **w**ahren Kern, wie zum **B**eispiel: „Wenn's zu Lichtme**ss** stürmt und schne**it**, ist das Frühjahr nicht mehr weit." Lichtmess ist am 2. Februar. Wenn bi**s** dahin **H**ochwinter he**rr**scht, ist die Umstellung auf warmes Frühlingswetter wahrschei**nl**ich.

Übung 20

Die korrigierten Fehlerstellen sind im **Fettdruck** zu sehen.

Lieber Urlaubsgast!

Wir gratulieren Ihnen zu **I**hrer Entscheidung, Ihren Winter**u**rlaub in unserem weltbekannten Schiort zu verb**r**ingen. Wir sind bemüht, **S**ie auf allen Gebieten zu verwöhnen. So haben wir für Sie eine Gästekarte vorbereitet, mit der Sie viele Einrichtungen gratis oder stark ermäßigt nutzen können. In Ihrem Quartier kann **s**ie angefordert werden. Wir möchten höflich hinweisen, dass mit ihr auch ein Schipa**ss** für eine Woche Liftbenützung billiger erworben werden kann. Ohne **s**ie sollten **S**ie nie in unserem Ort unterwegs sein. Wollen Sie ins Erlebni**s**hallenbad gehen, so ist der Eintritt mit ihr für **S**ie gratis. Selbstverständlich können auch **I**hre Kinder diesen Vorteil nutzen. Zus**ä**tzlich haben wir für **I**hre Kleinsten eine Krabbelstube eingerichtet. Dort werden sie von einem pädagogisch geschulten Personal betr**eu**t, und Sie, verehrter Wintergast, können in dieser Zeit sorgenfrei Schi fahren. Zum Schluss noch eine Information zu unseren Pisten. Wir pflegen **s**ie täglich, sodass Sie wie auf frischem Pul**v**erschnee ins Tal wedeln werden. Weitere Informationen erhalten Sie direkt in unserem Tourismusbüro, wo **I**hnen unser fachkundiges Personal rund um die Uhr zur Verfügung steht. Fühlen Sie sich wie zu Hause und empfehlen **S**ie uns bitte weiter. Ihr Tourismusteam

Übung 21

1. nur beim **L**esen eine Brille **t**ragen
2. mit sechs Jahren **L/l**esen **l**ernen
3. nichts zu **l**achen **h**aben
4. vor der Prüfung nicht **z**ittern **m**üssen
5. auf **B**iegen und **B**rechen **k**ämpfen
6. rasches **H**andeln einem ewigen **Z**ögern **v**orziehen
7. beim Vortrag frei **s**prechen **k**önnen
8. mit **Z**ittern und **B**angen das Ergebnis **a**bwarten
9. ohne zu **z**ittern zur Prüfung **a**ntreten
10. etwas zum **S**chmunzeln **v**orlesen
11. unerlaubtes **H**alten und **P**arken **b**estrafen
12. täglich Bücher **l**esen **w**ollen
13. Zeit zum **Ü**berlegen **g**eben
14. ohne zu **s**chauen die Straße **ü**berqueren
15. im Garten **N**achlaufen **s**pielen
16. das **H**alten **e**rlauben, aber das **P**arken **v**erbieten
17. vor dem **S**chreiben gut **ü**berlegen
18. das freie **S**prechen des Redners **b**ewundern
19. ins **S**tocken **g**eraten
20. viel zu **e**rzählen **h**aben

Übung 22

1. sich in Französisch unterhalten
2. bei Grün losfahren
3. eine Kurze anziehen
4. Reiche und Arme
5. bis ins Kleinste planen
6. ins Schwarze treffen
7. auf das Ärgste gefasst sein
8. die Jugendlichen einladen
9. den Schnellsten bejubeln
10. aus dem Vollen schöpfen
11. im Wesentlichen übereinstimmen
12. im Folgenden nachlesen
13. im Trüben fischen
14. auf dem Trockenen sitzen
15. Große und Kleine betreuen
16. die Grünen wählen
17. bei Rot anhalten
18. dem Schnellsten gratulieren
19. die Eingeborenen Afrikas
20. die Unschuldigen schonen

Übung 23

1. sich über kurz oder lang durchsetzen
2. auf dem Trockenen sitzen
3. von klein auf bescheiden sein
4. von Neuem/neuem beginnen
5. etwas aufs Neue versuchen
6. den Betrag in bar zahlen
7. durch dick und dünn gehen
8. im Wesentlichen übereinstimmen
9. für Jung und Alt
10. genau ins Schwarze treffen
11. bis auf Weiteres/weiteres geschlossen bleiben
12. aus nah und fern
13. etwas zum Besten geben
14. ans Gute glauben
15. beim Alten bleiben
16. etwas im Voraus bezahlen
17. etwas schwarz auf weiß beweisen
18. im Dunkeln tappen
19. seit Längerem/längerem feststehen
20. das Auto in Rot bestellen

Übung 24

1. kein großes Verlangen haben
2. nach Unwichtigem fragen
3. etwas Großartiges planen
4. kein langes Zögern dulden
5. etwas großartig planen
6. etwas ins Lächerliche ziehen
7. ein ständiges Ziehen verspüren
8. alles Ungerechte verurteilen
9. nichts Heißes schlucken
10. ein wichtiges Vorhaben planen
11. durch unwichtiges Fragen stören
12. ein unmäßiges Essen bereuen
13. jemandem alles Gute wünschen
14. ein herzliches Willkommen zurufen
15. Gäste herzlich willkommen heißen
16. für sein lästiges Benehmen ermahnen
17. am Herkömmlichen festhalten
18. alles ungerecht empfinden
19. den Text ins Reine schreiben
20. ein paar Auserwählte begrüßen

Übung 25

1. Sein **E**nglisch hat einen **d**eutschen Akzent.
2. Mit **S**panisch kann man sich in Lateinamerika gut verständigen.
3. Sie spricht perfekt **E/e**nglisch, **F/f**ranzösisch und **S/s**panisch.
4. Der **D**eutsch-**F**ranzösische Krieg dauerte ungefähr ein halbes Jahr.
5. Mrs. Fitz unterrichtet den Gegenstand **E**nglisch.
6. Manche Vorträge werden in **E**nglisch gehalten.
7. Die **f**ranzösische Küche ist weltbekannt.
8. Die **F**ranzösische Revolution endete 1795.
9. Sie verbrachte den Urlaub an der **I**talienischen Riviera.
10. Die **i**talienischen Rotweine werden auch bei uns gerne gekauft.
11. Er wollte schon immer **I**talienisch lernen.
12. Das **I**talienische ist auf das **L**ateinische zurückzuführen.
13. Auf **i**talienischen Autobahnen ist generelle Mautpflicht.
14. Der **D**eutsche Schäferhund ist ein verlässlicher Wachhund.
15. Ein gut verständliches **D**eutsch erleichtert die Kommunikation.
16. Im Ausland verständigt man sich am besten auf **E**nglisch.
17. Die **T**schechische Republik grenzt an Österreich und Deutschland.
18. Er las den Text **d**eutsch und **e**nglisch vor.
19. Meine Sitznachbarin spricht **K/k**urdisch, **T/t**ürkisch und **D/d**eutsch.
20. Spricht sie mit Landsleuten, bevorzugt sie **T**ürkisch.

Übung 26

1. am Dritten jedes Monats
2. eine hundertstel Sekunde

3. um ein Tausendstel verlieren
4. jeder Dritte wird gewinnen
5. am Ersten Mai aufmarschieren
6. die Dritte Welt unterstützen
7. der Zweite Weltkrieg
8. ein viertel Liter Milch
9. zum Ersten, zum Zweiten, zum ...
10. ein Viertel vor drei
11. zu viert kommen
12. der Zweite von links
13. das Dreifache bezahlen
14. zum dritten Mal antreten
15. Kaiser Otto der Erste
16. das erste Drittel schaffen
17. sich dreifach absichern
18. bei der Stunde null beginnen
19. die Ziffer Null schreiben
20. auf drei Grad unter null sinken

Übung 27

1. eines **T**ages nicht mehr zurückkommen
2. sich **m**orgen **A**bend in der Disco treffen
3. zu **M**ittag nur eine Kleinigkeit essen
4. die Entscheidung **t**ags darauf bereuen
5. am **M**orgen schwer aufstehen können
6. schon **f**rüh das Lesen lernen
7. noch **s**pätabends vor dem Fernseher sitzen
8. von **f**rüh bis **s**pät auf den Beinen sein
9. wichtige Dinge gleich am **M**orgen erledigen
10. nur **w**ochentags zur Arbeit fahren
11. am ersten **M**ontag im Monat Sprechstunde halten
12. nur selten **s**onntags arbeiten
13. gegen **A**bend von der Arbeit heimkommen
14. **n**achts oft von **Ü**bermorgen träumen
15. um acht Uhr **F**rüh anrufen
16. die Welt von **m**orgen optimistisch sehen
17. immer **f**reitags einen Ruhetag einlegen
18. um **M**itternacht schlafen gehen
19. in einer Welt von **g**estern leben
20. **h**eute **M**ittag Gäste erwarten

Übung 28

1. die Fensterläden **g**rün streichen
2. den Urwald als **g**rüne Hölle bezeichnen
3. eine dunkles **R**ot einem zarten **R**osa vorziehen
4. bei **R**ot anhalten und bei **G**rün losfahren
5. auf die Farben **L**ila und **R**osa stehen
6. das **R**ote Kreuz großzügig unterstützen
7. **B**lau mit **G**elb zu **G**rün mischen
8. eine Fahrt ins **B**laue machen
9. sich **g**rün und **b**lau ärgern
10. ganz in **S**chwarz gekleidet sein
11. das **B**laue vom Himmel holen
12. Irland als die **G**rüne Insel bezeichnen
13. den **r**oten Faden verlieren
14. in **r**ote Zahlen kommen
15. die Wände **w**eiß streichen
16. eine **w**eiße Weste haben
17. aus **S**chwarz **W**eiß machen
18. einen Europäer einen **W**eißen nennen
19. einen **s**chwarzweißen Schal tragen
20. einen kleinen **B**raunen bestellen

Übung 29

1. der **Salzburger** Schnürlregen
2. das **bayrische** Bier
3. die **österreichischen** Weißweine
4. der **Schweizer** Emmentaler
5. die **Berliner** Mauer
6. eine **spanische** Gitarre
7. die **Französische** Revolution
8. ein **Wiener** Schnitzel
9. ein **indischer** Tee
10. der **Indische** Ozean
11. die **tschechische** Grenze
12. die **Wachauer** Marillen
13. mit **ungarischem** Akzent
14. im **olympischen** Dorf
15. der **Londoner** Nebel
16. die **japanischen** Autos
17. eine **ungarische** Gans
18. der **Tiroler** Loden
19. die **österreichische** Hymne
20. die **englische** Sprache
21. die **Niederösterreichischen** Kalkalpen
22. die **afrikanische** Bevölkerung
23. die **Bregenzer** Festspiele
24. die **Chinesische** Mauer
25. ein **italienischer** Rotwein
26. der **Neusiedler** See
27. der **Frankfurter** Flughafen
28. die **Olympischen** Spiele

Übung 30

1. die **Rote/rote** Karte nach einem Foul erhalten
2. die **großen** Ferien am Meer genießen
3. einen **blauen** Montag machen
4. in das **Schwarze** Meer münden
5. am **Heiligen** Abend beschenkt werden
6. den **Schiefen** Turm von Pisa besichtigen
7. das **neue** Jahr mit einem Feuerwerk begrüßen
8. den **Blauen** Enzian schützen
9. im **Neuen** Testament nachlesen
10. die **hohe** Schule des Reitens beherrschen
11. in der **Hohen** Tatra Schi fahren
12. als **schwarzes** Schaf der Familie gelten
13. den **heiligen** Leopold verehren
14. Leopold den **Heiligen** als Schutzpatron feiern
15. für die **Dritte** Welt Hilfe leisten
16. vom **Ersten** Weltkrieg lernen
17. auf dem **Schwarzen/schwarzen** Brett anschlagen
18. den Mars als **Roten** Planeten bezeichnen
19. das Erdöl als **Schwarzes/schwarzes** Gold bezeichnen
20. die **weiße** Fahne hissen

Übung 31

1. den **Einen/einen** von den **beiden** kennen
2. alles **Übrige** mit den Teilnehmern besprechen
3. **dieses** und **jenes** bedenken
4. jeden **Einzelnen** persönlich begrüßen
5. nur **Weniges/weniges** aus den Fluten retten können
6. so **manchen** damit überraschen
7. ein **paar** Euros spenden
8. keinen **Einzigen** davon überzeugen können
9. aus Solidarität **vieles** in Kauf nehmen
10. das **Ganze** für einen Scherz halten
11. sein **Übriges** dazu beitragen
12. ein und **denselben** meinen
13. noch ein **bisschen** warten müssen
14. **denjenigen** bestrafen, der zu spät kommt
15. **sämtliches** durch einen Brand verlieren
16. nur **Wesentliches** unterstreichen
17. **jedermann** im Ort gut kennen
18. auf das **Allerbeste** verzichten
19. Geld für alles **Mögliche** ausgeben
20. noch etwas **Anderes/anderes** zu tun haben

Übung 32

1. beim Rückwärtsfahren
2. das In-den-Tag-hinein-Leben
3. zum Auf-und-davon-Laufen
4. das Großschreiben
5. das Zustandekommen
6. das Über-Stock-und-Stein-Springen
7. zum Einkaufengehen
8. beim Fertigmachen
9. beim In-die-Luft-Schauen
10. zum Radfahren
11. das Zu-Wort-Kommen
12. kein Auf-die-lange-Bank-Schieben
13. beim Schlangestehen
14. das Auf-der-faulen-Haut-Liegen
15. zum Schönschreiben
16. zum Aus-der-Haut-Fahren
17. beim Eislaufen
18. beim Spazierengehen
19. das An-den-Haaren-Herbeiziehen
20. das Von-der-Hand-in-den-Mund-Leben

Übung 33

	TIPP		TIPP
nichts zu lachen haben	1	etwas zum Schmunzeln	2
etwas Neues beginnen	2	bei null beginnen	1
aufs H/herzlichste grüßen	x	Karl der Erste	2
ein P/paar* Schuhe probieren	x	gegen Abend heimkommen	2
über kurz oder lang	1	die Welt von gestern	1
alles Gute wünschen	2	die Olympischen Spiele	2
alles ungerecht empfinden	1	ein Wiener Schnitzel	2
die Französische Revolution	2	S/sprechen lernen	x
auch T/türkisch sprechen	x	Jung und Alt einladen	2
Verstecken spielen	2	bei Rot stehen bleiben	2
das Doppelte bezahlen	2	nur einiges verstehen	1
die beiden kennen	1	in bar zahlen	1

* (je nach Auffassung, ob ich ein Paar oder einige Schuhe probiere)

Übung 34

1. Die **H**eiligen **D**rei **K**önige **k**amen **n**achts in Bethlehem an.
2. Von **n**ah und **f**ern strömten Hirten am **H**eiligen **A**bend zur **K**rippe.
3. Im **I**ndischen **O**zean fielen **U**nzählige der **S**turmflut zum **O**pfer.
4. Leopold den **H**eiligen feiert **m**an alljährlich am **f**ünfzehnten **N**ovember.
5. Jedes **M**al war **e**iner der **b**eiden etwas **m**üde oder er hatte **a**nderes vor.
6. Im **W**esentlichen kann man sich mit **e**twas **E**nglisch **w**eltweit **v**erständigen.
7. Das **A**uf-**d**ie-**l**ange-**B**ank-**S**chieben führt selten zum Ziel.
8. Am **S**onntag **n**achmittags spielten die **A**nwesenden **V**erstecken oder **N**achlaufen.
9. Das **A**ufstehen um **a**cht Uhr **F**rüh ist **s**onntags eindeutig zu **f**rüh.
10. Am **l**etzten Tag attackierte im **R**oten Meer ein **W**eißer Hai **e**inige **S**chwimmer.
11. Der **h**eilige **P**ankratius ist **e**iner der **d**rei **E**isheiligen.
12. Der **L**eitende der Tagung erklärte **a**lles **Ü**brige des **L**angen und **B**reiten.
13. Das **F**esthalten am **T**raditionellen hat **k**eineswegs nur **V**or- oder **N**achteile.
14. Man soll in **e**ntscheidenden **F**ragen das **F**ür und **W**ider **b**edenken.
15. Nach der **v**erheerenden **F**lut müssen **Ü**berlebende bei der **S**tunde **n**ull beginnen.
16. Die Temperaturen sinken in der **k**ommenden **N**acht auf **z**ehn **G**rad unter **n**ull.
17. Im **e**rsten **D**rittel waren die **E**inheimischen dem **G**egner **h**aushoch überlegen.
18. Einen **f**remden **E**rwachsenen redet **j**eder von **u**ns mit **S**ie an.
19. Bei **R**ot bleib stehen, bei **G**rün kannst du **g**ehen, bei **G**elb gibt **A**cht/**a**cht!
20. So **m**ancher, der **w**enig lernte, ist mit **Z**ittern und **B**angen zur **P**rüfung gegangen.

Übung 35

1. nachtwandeln	beim Nachtwandeln
2. Flöte blasen	zum Flötenblasen
3. teilhaben	das Teilhaben
4. bruchrechnen	beim Bruchrechnen
5. Bahn fahren	das Bahnfahren
6. Bock springen	beim Bockspringen
7. Mut machen	zum Mutmachen
8. kopfstehen	das Kopfstehen
9. Feuer fangen	das Feuerfangen
10. schlussfolgern	das Schlussfolgern
11. kopfrechnen	beim Kopfrechnen
12. segelfliegen	beim Segelfliegen
13. Drachen steigen	zum Drachensteigen
14. wetteifern	vom Wetteifern
15. brustschwimmen	im Brustschwimmen
16. Energie tanken	fürs Energietanken
17. Wache halten	das Wachehalten
18. schlafwandeln	beim Schlafwandeln
19. Maschine schreiben	das Maschin(e)schreiben
20. standhalten	das Standhalten

Übung 36

1. die **nachtwandelnden** Menschen
2. die **Rad fahrenden/radfahrenden** Sportler
3. die **kopfrechnenden** Schüler
4. die **bahnbrechenden** Ideen
5. die **Wache stehenden/wachestehenden** Soldaten
6. die **wahlwerbenden** Gruppen
7. die **schlussfolgernden** Gedanken
8. die **Bahn fahrenden/bahnfahrenden** Pendler
9. die **wetteifernden** Teams
10. die **Bock springenden/bockspringenden** Turner
11. die **Drachen steigenden/drachensteigenden** Kinder
12. der **bauchredende** Magier
13. das **notlandende** Flugzeug
14. der **Feuer fangende/feuerfangende** Stoff
15. die **Not leidende/notleidende** Bevölkerung
16. das **bruchrechnende** Kind
17. die **sonnenbadenden** Touristen
18. die **pleitegehende** Firma
19. das **Walzer tanzende/walzertanzende** Paar
20. der **maßregelnde** Chef

Übung 37

Nennform	Partizipform
1. das Herz zerreißen	herzzerreißend
2. Feuer fangen	Feuer fangend
3. den Ruf schädigen	rufschädigend
4. Rat suchen	Rat suchend
5. mit Schmerz erfüllt	schmerzerfüllt
6. Walzer tanzen	Walzer tanzend
7. Treue schwören	Treue schwörend
8. im Kampf erprobt	kampferprobt
9. Dienst haben	Dienst habend
10. vor Freude strahlen	freudestrahlend
11. Schlange stehen	Schlange stehend
12. Maß halten	Maß haltend
13. mit Angst erfüllt	angsterfüllt
14. durch das Milieu geschädigt	milieugeschädigt
15. die Umwelt bedrohen	umweltbedrohend
16. Gewinn bringen	Gewinn bringend
17. Moped fahren	Moped fahrend
18. Not leiden	Not leidend
19. Zeit sparen	Zeit sparend
20. sich eine Bahn brechen	bahnbrechend

Übung 38

1. drei **Finger breit** sein
2. ein **haushoher** Unterschied
3. ein **knielanger** Faltenrock
4. bis zum **Knie lang** sein
5. ein **butterweiches** Kalbfleisch verzehren
6. ein **jahrelanges** Leiden erdulden
7. **meterhohe** Wellen schlagen
8. sechs **Meter hoch** sein
9. einen drei **Meter langen** Schal tragen
10. im **staubtrockenen** Sand wühlen
11. mehrere **Jahre lang** im Ausland verweilen
12. nach **monatelangem** Streit einig werden
13. **tonnenweise** Lebensmittel spenden
14. eine **todernste** Miene machen
15. eine **sonnenarme** Gegend
16. eine **brandneue** Meldung verbreiten
17. gegen **Hitze beständig** sein
18. ein **hitzebeständiges** Material
19. **geldgierige** Menschen verabscheuen
20. nach **Geld gierig** sein

Übung 39

1. ein **leichtgläubiger** Mensch
2. ein **superkluges** Mädchen
3. ein **schwer verdauliches/schwerverdauliches** Nachtmahl
4. ein **dunkelrotes** Abendkleid
5. ein **geistig normaler** Mensch
6. eine **hellgrüne** Farbe
7. eine **lauwarme** Suppe
8. ein **leicht erreichbares/leichterreichbares** Ziel
9. ein **bitterkalter** Wintertag

10. ein **riesig großes** Loch
11. ein **feuchtwarmes** Klima
12. ein **schrecklich nervöses** Kind
13. eine **leicht verderbliche/leichtverderbliche** Speise
14. ein **klein kariertes/kleinkariertes** Papier
15. ein **großzügiges** Geschenk
16. ein **knallig roter** Sportwagen
17. ein **groß karierter/großkarierter** Stoff
18. eine **superschlaue** Schülerin
19. ein **kleinlauter** Angeklagter
20. ein **mäßig warmer** Tag

Übung 40

1. ein **hart gekochtes/hartgekochtes** Ei bestellen
2. ein **hell strahlender/hellstrahlender** Stern
3. der **freigesprochene** Angeklagte
4. die **kleinzuschreibenden** Adjektive
5. das **dicht behaarte/dichtbehaarte** Fell
6. die **großgeschriebenen** Substantive
7. ein **menschlich gereifter** Kollege
8. eine **hoch konzentrierte/hochkonzentrierte** Säure
9. ein **hoch konzentrierter/hochkonzentrierter** Schüler
10. ein **leicht verletzter/leichtverletzter** Autofahrer
11. der **klein geschriebene/kleingeschriebene** Zusatztext
12. ein **schwer bewaffneter/schwerbewaffneter** Räuber
13. die **gutgeschriebene** Geldsumme
14. der **seliggesprochene** Kaiser
15. die **stillgelegten** Bahnlinien
16. das **händisch geschriebene** Manuskript
17. der **schwach bevölkerte/schwachbevölkerte** Staat
18. ein **klein gehacktes/kleingehacktes** Holz
19. die **laut redenden/lautredenden** Schüler
20. eine **gutzuheißende** Aktion

Übung 41

1. einen Vogel **freilassen**
2. einen Sessel für den Ehrengast **frei lassen**
3. den Mitarbeitern am 24. Dezember **freigeben**
4. sich am Freitag **freinehmen**
5. einen Geldbetrag **gutschreiben**
6. die Tat nicht **gutheißen**
7. die Geschichte **gut erzählen**
8. einen Geldbetrag **guthaben**
9. dem anderen etwas **klarmachen**
10. mit der Situation **klarkommen**
11. dem anderen etwas **klarlegen**
12. den Sachverhalt **klarstellen**
13. bei Geldmangel **kurztreten**
14. bei Produktionsüberschuss **kurzarbeiten**
15. sich beim Referat **kurzfassen**
16. einen Stromkreis **kurzschließen**
17. das Lenkrad **fest halten**
18. an einem Plan **festhalten**
19. einen Erfolg **feststellen**
20. sich an einer Sache **festbeißen**

Übung 42

1. immer wieder **daran scheitern**
2. endlich auch einmal **drankommen**
3. alles **daransetzen**
4. jemandem etwas **daran liegen**
5. sich zur Runde **dazugesellen**
6. nicht mehr **dazu kommen**
7. noch rechtzeitig **dazustoßen**
8. jemandem **dazu gratulieren**
9. nichts **davon halten**
10. sich **davonschleichen**
11. sich heimlich **davonstehlen**
12. lange **davon träumen**
13. das Futter **wiederkäuen**
14. den Mordfall **wieder aufrollen**
15. das Kapitel **wiederholen**
16. etwas immer **wieder tun**
17. noch **weiter überlegen**
18. das Ansuchen **weiterleiten**
19. sich lebenslang **weiterbilden**
20. den Schlagball **weiter werfen**

Übung 43

1. **Seit dem** 1. April warte ich auf eine Antwort.
2. **Außerdem** hat er nicht die Wahrheit gesagt.
3. Ich ging heim, **nachdem** ich eine Stunde gewartet hatte.
4. **Außer dem** Schwerverletzten gab es keine Opfer.
5. **Seitdem** wurden die Sicherheitsmaßnahmen verstärkt.
6. Er machte einen guten Eindruck, **indem** er freundlich grüßte.
7. Er ist **seit dem** letzten Urlaub ein neuer Mensch.
8. Er hatte **außerdem** nichts daraus gelernt.
9. Er betrat das Stadion, **in dem** das Finalspiel stattfand.
10. Er macht **nach dem** Mittagessen immer ein Schläfchen.
11. **Nachdem** das Spiel geendet hatte, strömten die Zuschauer ab.
12. Felix schoss ein Tor, **indem** er die Verteidiger überlistete.
13. **Seit dem** Anpfiff hat Stürmer L. noch keinen Ball berührt.
14. **Nach dem** Schlusspfiff kam es zu Unsportlichkeiten.
15. **Außer dem** Schiedsrichter verhielten sich alle unfair.
16. **Trotz dem** Eingreifen des Schiedsrichters gab es eine Rauferei.
17. Die Situation beruhigte sich, **indem** der Ordnerdienst eingriff.
18. **Trotzdem** waren einige Streithähne nicht zu besänftigen.
19. **Nachdem** sich die Spieler geduscht hatten, beruhigte sich alles.
20. **Seitdem** verhängt der Club für Unsportlichkeiten Disziplinarstrafen.

Übung 44

1. Er wollte nicht länger **zuschauen**.
2. Er vergaß(,) nach beiden Seiten **zu schauen**.
3. Sie bat(,) die Tür nicht **zuzumachen**.
4. **Zu fragen** wird doch noch erlaubt sein.
5. Die Firma wird **zu Grunde/zugrunde** gehen.
6. Der Kellner vergaß(,) das Lokal **zuzusperren**.
7. Es war noch zu früh(,) über einen Sieg **zu jubeln**.
8. Gib Acht, dass das Türschloss nicht **zuschnappt**.
9. Der Politiker vergaß nie(,) der Menge **zuzujubeln**.
10. Es war ein Problem(,) die Begriffe richtig **zuzuordnen**.
11. Er fürchtet(,) damit nicht zu **Rande/zurande zu kommen**.
12. **Zu Gunsten/zugunsten** der Flutopfer wurde reichlich gespendet.
13. Es war ihm nicht ganz wohl **zu Mute/zumute**.
14. Man wollte ihm die Belastung nicht **zumuten**.
15. Die Preiserhöhung geht **zu Lasten/zulasten** der Verbraucher.
16. Das war niemandem **zuzumuten**.
17. Die **zugesperrte** Tür wurde gewaltsam aufgebrochen.
18. Das Geschäft ist in der Mittagspause **zu gewesen**.
19. Sie hat in dieser Firma viel **zu wenig** verdient.
20. Viele Menschen sind in den letzten Jahren **zugewandert**.

Übung 45

1. Wir fühlten uns in der frischen Gebirgsluft **so wohl**.
2. Es gab **sowohl** Fleisch als auch Vegetarisches.
3. **Sobald** der Chef nicht da ist, wird weniger gearbeitet.
4. **Soweit** das Auge reicht, nichts als Sand!
5. Die Ferien sind noch **so fern**.
6. Er kommt nicht **so bald** von seiner Weltreise zurück.
7. Er war **sozusagen** der Verlierer.
8. **Sosehr** er auch hofft, es gibt kein Wiedersehen.
9. Das war ein **sogenannter/so genannter** Lattenpendler.
10. **Solange** die UNO-Soldaten dort waren, gab es Frieden.
11. **Soviel** ich weiß, gab es zum Glück keine Verletzten.
12. Sie hat **so lange** bei der Caritas gedient.
13. Er weiß **so viel** über Land und Leute.
14. **Sofern** du Zeit hast, komm doch mit!
15. Das habe ich **sowieso** vorausgeahnt.
16. Er ist **so wie** alle seine Freunde.
17. Ich bin **so sehr** beschäftigt, dass ich nicht mitkommen kann.
18. **Sowie** die Sonne versinkt, wird es kühl.
19. **Sosehr** ich dich bedauere, ich weiß keine Lösung.
20. Ich habe **so etwas** vorher noch nicht erlebt.

Übung 46

1. Schluss-Satz
2. Software-Sonderangebot
3. Autobus-Haltestelle
4. Schritt-Tempo
5. Lotto-Annahmestelle
6. Stall-Laterne
7. Ultraschall-Messgerät
8. Tischtennis-Weltmeisterschaft
9. Minigolf-Meisterschaftsspiel
10. Bass-Stimme
11. Geschirr-Reiniger
12. Computer-Verkaufsausstellung
13. Kaffee-Ernte
14. Donau-Dampfschifffahrtsgesellschaft
15. Hawaii-Inseln
16. Arbeiter-Unfallversicherungsschutz
17. Haushalt-Mehrzweckküchengerät
18. Schiff-Fahrt
19. Schrott-Transport
20. Kamptal-Kulturpark

Übung 47

1. 14-jährig
2. UNO-Hauptquartier
3. 100-Fache/100fache
4. 30-Tonner
5. 40-prozentig
6. Fußball-WM
7. Kfz-Werkstätte
8. i-Punkt
9. Dativ-n
10. X-Beine
11. 80er
12. V-Ausschnitt
13. 14-Jähriger
14. 2:2-Unentschieden
15. CD-ROM
16. UKW-Sender
17. 1000stel
18. Lungen-Tbc
19. 8-Zylinder
20. 10-mal

Übung 48

1. $^3/_4$-Takt-Rhythmus
2. CD-ROM-Laufwerk
3. 5-Euro-Banknote
4. U-Bahn-Station
5. 1000-Jahr-Feier
6. 40-Stunden-Woche
7. 400-m-Lauf
8. Lungen-Tbc-Röntgen
9. Fußball-WM-Büro
10. Kfz-Werkstätten-Leiter
11. LKW-Chauffeur-Ausbildung
12. 6-Zylinder-Motor
13. 4-Zimmer-Wohnung
14. Vitamin-B-haltig
15. Morgen-Make-up
16. S-Bahn-Netz
17. 2-Cent-Münze
18. VIP-Club-Sitzung
19. 12-Stunden-Tag
20. Erste-Klasse-Abteil

Übung 49

	TIPP
beim Segelfliegen	1
Bock springen	2
Rad fahrend	2
etwas klarstellen	1
schmerzerfüllt	1
seligsprechen	1
UKW-Sender	x
zugewandert	1
die sogenannte/so genannte	1/2
Sofern er kommt, ...	1
40-prozentiger Alkohol	x
bruchrechnen	1

	TIPP
daraus schlussfolgern	1
die Not leidende/notleidende	2/1
rufschädigend	1
leicht verdaulich	2
UNO-Generalsekretär	x
Treue schwörend	2
im Rückenschwimmen	1
hart gekochte/hartgekochte Eier	2/1
den Dieb festnehmen	1
sich so sehr freuen	2
in der U-Bahn	x
Wache halten	2

Übung 50

1. die Frau *Kommerzialrat* herzlich begrüßen	**Kommerz, Kommerzmusik**
2. eine *partielle* Sonnenfinsternis beobachten	**Partikel**
3. eine *finanzielle* Einbuße in Kauf nehmen	**Finanz, finanzieren**
4. den Sommerurlaub in *Kroatien* verbringen	**Kroate, kroatisch**
5. eine *infektiöse* Krankheit behandeln lassen	**Infekt, Infektion**
6. eine *spezielle* Maschine konstruieren	**Spezialist, spezifisch**
7. drei *Portionen* Apfelstrudel verschlingen	**portionieren**
8. das defekte *Different/zialgetriebe* reparieren	**Differenz**
9. die *Strafsanktionen* gegen Schuldlose verurteilen	**sanktionieren**
10. eine *Initialzündung* auslösen	**Initiator, initiieren**
11. ein *internationales* Fußballspiel übertragen	**Nation**
12. das chemische Element *Silizium* mit Si bezeichnen	**Silikat, Silikon**
13. einen *Pentiumcomputer* anschaffen	**kein Wort im WB**
14. die *Produktion* wieder aufnehmen	**produzieren**
15. einen *substanz/tiellen* Verlust hinnehmen	**Substanz**
16. die *Inflationsrate* abgelten	**Inflation**
17. den Titel *„Offizial"* verleihen	**Offizialin**
18. einen *offiziellen* Antrag stellen	**Offizier**
19. die Inseln *Mauritius* besuchen	**keine Wort im WB**
20. eine *effiziente* Übung machen	**Effizienz**

Übung 51

1. beim Boxen ein tiefes **Cu**t bekommen	**das Cut**
2. den **Ka**raokesänger stürmisch feiern	**der Karaokesänger**
3. eine schlechte **Co**verversion kaufen	**die Coverversion**
4. ein verheerendes **Cha**os auslösen	**das Chaos**
5. eine **Cu**mberlandsoße zu Wild servieren	**die Cumberland-soße**
6. eine erfolgreiches **Co**meback feiern	**das Comeback**
7. einen Videofilm **cu**tten	**cutten**
8. die **Cha**rta der Vereinten Nationen	**die Charta**
9. von **cha**otischen Zuständen berichten	**chaotisch**
10. die Farbe wie ein **Cha**mäleon wechseln	**das Chamäleon**
11. den Beruf einer **Cu**tterin erlernen	**die Cutterin**
12. die **Co**verstory lesen	**die Coverstory**
13. vor dem Feind **ka**pitulieren	**kapitulieren**
14. den **Ka**ssettenrekorder reparieren	**der Kassettenrekorder**
15. das **Cu**pspiel in letzter Sekunde gewinnen	**das Cupspiel**
16. eine **ka**kifärbige Uniform tragen	**kakifärbig**
17. im **Ka**jakeiner eine Olympiamedaille gewinnen	**der Kajakeiner**
18. mit einem **Ca**terpillar den Boden planieren	**der Caterpillar**
19. einen **Ca**lypso tanzen	**der Calypso**
20. einen **Ca**ppuccino bestellen	**der Cappuccino**

Übung 52

1. eine **Sh**ow abziehen	**die Show**
2. an **Sch**izophrenie leiden	**die Schizophrenie**
3. einen **sch**icken Hut tragen	**schick, chic**
4. ein Auto **ch**auffieren	**chauffieren**
5. sich als **G**enie fühlen	**das Genie**
6. den **Sch**irokko als angenehm empfinden	**der Schirokko**
7. keinen **Ch**ic beim Anziehen haben	**der Chic**

8.	zu Frauen **ch**armant sein	**charmant**
9.	ein **Sh**oppingcenter besuchen	**das Shoppingcenter**
10.	sich zur **Sch**ickeria zählen	**die Schickeria**
11.	den **Ch**ef verständigen	**der Chef**
12.	einen Pullover aus **Sh**etlandwolle tragen	**die Shetlandwolle**
13.	einen **Sh**uttledienst einrichten	**der Shuttledienst**
14.	einen **Sch**aschlik braten	**der/das Schaschlik**
15.	sich zu Tode **g**enieren	**genieren**
16.	einen **Sh**eriffstern tragen	**der Sheriffstern**
17.	ein **Sh**ampoo gegen trockenes Haar verwenden	**das Shampoo**
18.	ein **G**irokonto eröffnen	**das Girokonto**
19.	als **Sh**ootingstar gefeiert werden	**der Shootingstar**
20.	einen **Ch**ampagner trinken	**der Champagner**

Übung 53

1.	das **C**ello stimmen	**das Cello**
2.	in der **Ch**ampions League vertreten sein	**die Champions League**
3.	nach **Ch**ile auswandern	**Chile**
4.	den **G**in aus Wacholderbeeren destillieren	**der Gin**
5.	die **Ch**eckliste genau überprüfen	**die Checkliste**
6.	mit Partnern in der ganzen Welt **ch**atten	**chatten**
7.	mit einer **Ch**ipkarte bezahlen	**die Chipkarte**
8.	abgerissene **J**eans am liebsten tragen	**die Jeans**
9.	ein **G**entleman vom Scheitel bis zur Sohle	**der Gentleman**
10.	den **J**oker leider nicht angekreuzt haben	**der Joker**
11.	einen **Ch**eeseburger bestellen	**der Cheeseburger**
12.	täglich durch den Park **j**oggen	**joggen**
13.	mit einem **J**eep im Gelände fahren	**der Jeep**
14.	das **C**embalo mit Gefühl spielen	**das Cembalo**
15.	in die **J**ukebox Münzen einwerfen	**die Jukebox**
16.	nach Amerika **j**etten	**jetten**
17.	einen **J**uice aus Orangen pressen	**der Juice**
18.	leider noch keinen fixen **J**ob haben	**der Job**
19.	in einer **J**azzkapelle spielen	**die Jazzkapelle**
20.	einen **Ch**a-**Ch**a-**Ch**a tanzen	**der Cha-Cha-Cha**

Übung 54

1.	Zy	**Zyklus**	us
2.	Spe	**Spedition**	ion
3.	de	**defensiv, destruktiv**	iv
4.	Ph	**Physiker, Phlegmatiker, Pharisäer**	er
5.	De	**Destillat, Demokrat**	at
6.	Kom	**Kommission, Kombination, Komposition**	ion
7.	Th	**Theorie, Therapie, Theologie**	ie
8.	Rh	**Rhythmus, Rhombus**	us
9.	Qu	**Qualität, Quantität**	tät
10.	Th	**Theater, Thermometer**	er
11.	Ph	**Phosphor**	or
12.	Hy	**Hysterie**	ie
13.	Vi	**Videothek, Vinothek**	thek
14.	ca	**catchen**	en
15.	my	**mystisch**	isch
16.	dis	**diskutieren, disqualifizieren**	ieren
17.	Zy	**Zylinder, Zyniker**	er
18.	Sou	**Souvenir**	ir
19.	Kol	**Kollision, Kolonisation**	ion
20.	pro	**probieren, produzieren, profitieren, projizieren**	ieren

Übung 55

1.	ein reichliches Buff**et** anbieten	**das Buffet**
2.	das Etik**ett** genau durchlesen	**das Etikett**
3.	die Linie paral**lel** verschieben	**parallel**
4.	zwei Computersysteme kompati**bel** machen	**kompatibel**
5.	bis auf das Skel**ett** abgemagert sein	**das Skelett**
6.	eine Hyper**bel** konstruieren	**die Hyperbel**
7.	das Alpha**bet** aufsagen können	**das Alphabet**
8.	sich kompl**ett** geirrt haben	**komplett**
9.	einen runden Garten als Ron**dell** bezeichnen	**das Rondell**
10.	eine Schnur zu einer Kor**del** drehen	**die Kordel**
11.	das Bud**get** planen	**das Budget**
12.	in einem berühmten Ball**ett** tanzen	**das Ballett**
13.	eine gesundes Natur**ell** besitzen	**das Naturell**
14.	die Preise varia**bel** halten	**variabel**
15.	ein Bill**ett**/Bill**et** zum Geburtstag schicken	**das Billett, Billet**
16.	zu dem Vorfall disk**ret** schweigen	**diskret**
17.	die Handlung als krimin**ell** einstufen	**kriminell**
18.	das Cabriol**et** pflegen	**das Cabriolet, Kabriolett**
19.	die Tat als ide**ell** bezeichnen	**ideell**
20.	die Gäste offizi**ell** begrüßen	**offiziell**

Übung 56

1.	sich bei 20 Grad **C**elsius [**ts**] wohl fühlen	**Celsius**
2.	manchmal einen **C**lown [**k**] spielen	**der Clown**
3.	ein Einkaufs**c**enter [**s**] besuchen	**das Einkaufscenter**
4.	einen Cappu**cc**ino [**tsch**] bestellen	**der Cappuccino**
5.	mit A**c**eton [**ts**] reinigen	**das Aceton**
6.	keine Chan**c**e [**s**] haben	**die Chance**
7.	etwas in den **C**ontainer [**k**] werfen	**der Container**
8.	nach **C**eylon [**ts**] fliegen	**Ceylon**
9.	Gewalt in **C**omics [**k**] ablehnen	**der/das Comic**
10.	in die **C**ity [**s**] einkaufen fahren	**die City**
11.	im **C**asino [**k**] ein Vermögen verspielen	**das Casino**
12.	keinen **C**ent [**s**] in der Geldbörse haben	**der Cent**
13.	gerne Cevap**c**i**c**i [**tsch**] essen	**die Cevapcici**
14.	einen **C**D-Player [**ts**] besitzen	**der CD-Player**
15.	das Auto zum Servi**c**e [**s**] bringen	**der/das Service**
16.	die ganze **C**rew [**k**] vermissen	**die Crew**
17.	jemandem **c**iao [**tsch**] sagen	**ciao, tschau**
18.	den Feldherrn und Kaiser **C**äsar [**ts**] kennen	**Cäsar**
19.	eine Annon**c**e [**s**] aufgeben	**die Annonce**
20.	eine ernste Sache zu einer Far**c**e [**s**] machen	**die Farce**

Übung 57

1.	auf einem Pon**y** reiten	**das Pony**
2.	einen Ch**ee**seburger bestellen	**der Cheeseburger**
3.	eine Frisb**ee**scheibe wegschleudern	**die Frisbeescheibe**
4.	eine Auto **lea**sen	**leasen**
5.	von einem Rowd**y** belästigt werden	**der Rowdy**
6.	einen Evergr**ee**n gerne hören	**der Evergreen**
7.	bei einer Rall**ye** verunglücken	**die Rallye**
8.	das W**ee**kend auf dem Land verbringen	**das Weekend**
9.	auf dem K**ey**board begleitet werden	**das Keyboard**
10.	ein teures Hobb**y** haben	**das Hobby**
11.	auf ein positives F**ee**dback warten	**das Feedback**
12.	Bilder an die Wand b**ea**men	**beamen**
13.	ein K**ee**psmiling aufsetzen	**das Keepsmiling**
14.	den Bandl**ea**der persönlich kennen	**der Bandleader**
15.	eine große Lad**y** spielen	**die Lady**
16.	ein tolles F**ee**ling verspüren	**das Feeling**
17.	gerne B**ea**chvolle**y**ball spielen	**das Beachvolleyball**
18.	beim Bark**ee**per einen Drink bestellen	**der Barkeeper**
19.	die Lampe des B**ea**mers auswechseln	**der Beamer**
20.	den Weltmeistertitel im Eishock**ey** gewinnen	**das Eishockey**

Übung 58

1.	mit M**oo**nb**oo**ts durch den Schnee stapfen	**die Moonboots**
2.	ein S**ou**venirgeschäft betreten	**das Souvenirgeschäft**
3.	den J**ou**rnalisten aus der Geiselhaft befreien	**der Journalist**
4.	einen L**oo**ping drehen	**der Looping**
5.	die Hürde s**ou**verän meistern	**souverän**
6.	ein leichtes Plus im T**ou**rismus verzeichnen	**der Tourismus**
7.	den Sh**oo**tingstar auf der Titelseite abbilden	**der Shootingstar**
8.	eine B**ou**tique eröffnen	**die Boutique, Butike**
9.	die T**ou**r de France überlegen gewinnen	**die Tour de France**
10.	den Holly**woo**d-Star zum G**ou**verneur wählen	**Hollywood, der Gouverneur**
11.	sich im Chatr**oo**m einloggen	**der Chatroom**
12.	einen B**oo**m mit Tatt**oo**s erkennen	**der Boom, das Tattoo**

13. sich im Whirlpool entspannen	**der Whirlpool**
14. etwas mit Routine bravourös meistern	**die Routine, bravourös**
15. den Cousin im Sommer besuchen	**der Cousin**
16. über Cartoons von M. Deix schmunzeln	**der/das Cartoon**
17. etwas mit einem Zoomobjektiv fotografieren	**das Zoomobjektiv**
18. bei einer Patrouille der Polizei ins Netz gehen	**die Patrouille**
19. ein Fastfood-Restaurant besuchen	**das Fastfood-Restaurant**
20. sich mit den Tools eines Computers zurechtfinden	**das Tool**

Übung 59

1. ein Schnitzel mit einer knusprigen Panier bestellen	**die Panier**
2. ein Kavalier der alten Schule sein	**der Kavalier**
3. einen Kefir zum Frühstück zubereiten	**der Kefir**
4. von einem blutrünstigen Vampir träumen	**der Vampir**
5. in überlegener Manier gewinnen	**die Manier**
6. die Fontänen eines Geysirs fotografieren	**der Geysir**
7. ein Notquartier beziehen	**das Notquartier**
8. die Künste eines Fakirs bestaunen	**der Fakir**
9. zum Empfang ein Spalier bilden	**das Spalier**
10. den Täter im Visier haben	**das Visier**
11. den Emir aus Arabien empfangen	**der Emir**
12. den Gegenpunkt zum Zenit als Nadir bezeichnen	**der Nadir**
13. einen Kurier mit einer Geheimnachricht entsenden	**der Kurier**
14. ein kaputtes Scharnier austauschen	**das Scharnier**
15. einige Souvenirs von der Reise mitbringen	**das Souvenir**
16. einen Ring mit einem Saphir verlieren	**der Saphir**
17. einen Offizier zum Brigadier befördern	**der Offizier, Brigadier**
18. dem Hotelportier ein Trinkgeld geben	**der Hotelportier**
19. den Wesir des Sultans bestechen	**der Wesir**
20. an einem Turnier teilnehmen	**das Turnier**

Übung 60

1. 1024 Megabyte als Gigabyte bezeichnen	**das Megabyte, Gigabyte**
2. mit einem Copyright vor Raubkopien schützen	**das Copyright**
3. die Pipeline vor Anschlägen schützen	**die Pipeline**
4. in einem Nightclub als Kellner arbeiten	**der Nightclub**
5. durch einen Taifun zu Schaden kommen	**der Taifun**
6. eine Livesendung ausstrahlen	**die Livesendung**
7. Schiwettbewerbe im Freestyle veranstalten	**das/der Freestyle**
8. durch Recycling wertvolle Rohstoffe sparen	**das Recycling**
9. das Highlife nicht auf Dauer verkraften	**das Highlife**
10. den Angelhaken an einen Nylonfaden binden	**der Nylonfaden**
11. als Insider der High-Society-Szene gelten	**der Insider, die High-Society**
12. mit dem Mountainbike unterwegs sein	**das Mountainbike**
13. einen Datenhighway installieren	**der Datenhighway**
14. mit einem Flyer für das Konzert werben	**der Flyer**
15. eine Medaille für Fairness erhalten	**die Medaille**
16. das Parkproblem mit Park-and-ride entschärfen	**das Park-and-ride**
17. mit einem Fineliner besonders schön schreiben	**der Fineliner**
18. sich im Finale einen tollen Fight liefern	**der Fight**
19. bis ins kleinste Detail planen	**das Detail**
20. Cybersex für Jugendliche verbieten	**der Cybersex**

Übung 61

1. ein Clubbing für Jugendliche veranstalten	**das Clubbing**
2. sich in ein Netz einloggen	**einloggen**
3. die Nummer der Versicherungspolizze angeben	**die Versicherungspolizze**
4. den Akkusativ eines Substantivs bilden	**der Akkusativ**
5. am Jazz-Festival teilnehmen	**das Jazz-Festival**
6. den Boden mit einem Bagger planieren	**der Bagger**
7. einen prickelnden Frizzante servieren	**der Frizzante**
8. Drogenhändler bei einer Razzia verhaften	**die Razzia**
9. durch Mobbing Freude an der Arbeit verlieren	**das Mobbing**
10. zusätzliche Waggons anhängen	**der Waggon**
11. sekkanten Menschen aus dem Weg gehen	**sekkant**
12. die Dächer von Nizza skizzieren	**Nizza, skizzieren**
13. zur Musik eines Akkordeons tanzen	**das Akkordeon**
14. den leeren Akkumulator aufladen	**der Akkumulator**
15. gelegentlich im Gastgewerbe jobben	**jobben**
16. das neue Sakko gerne tragen	**das Sakko**
17. den verheerenden Blizzard überleben	**der Blizzard**
18. einen neuen Jogginganzug probieren	**der Jogginganzug**
19. den Sabbat als jüdischen Ruhetag feiern	**der Sabbat**
20. in der Pizzeria Spagetti bestellen	**die Pizzeria**

Übung 62

1. eine Hypothese aufstellen und überprüfen	**die Hypothese**
2. ein hypermodernes Freizeitzentrum schaffen	**hypermodern**
3. eine hydraulische Weinpresse anschaffen	**hydraulisch**
4. eine Hyperbel konstruieren	**die Hyperbel**
5. den Schlauch an einen Hydranten anschließen	**der Hydrant**
6. die Luftfeuchtigkeit mit einem Hygrometer messen	**das Hygrometer**
7. zuerst die Hypotenuse eines Dreiecks zeichnen	**die Hypotenuse**
8. den eingebildeten Kranken Hypochonder nennen	**der Hypochonder**
9. das Hypozentrum des Erdbebens orten	**das Hypozentrum**
10. Zimmerpflanzen als Hydrokultur züchten	**die Hydrokultur**
11. den Kredit mit einer Hypothek absichern	**die Hypothek**
12. einen hyperaktiven Menschen beruhigen	**hyperaktiv**
13. die Bundeshymne bei der Siegerehrung abspielen	**die Bundeshymne**
14. die Verbindung von Texten als Hyperlink bezeichnen	**der/das Hyperlink**
15. die Hydraulik einer Presse reparieren	**die Hydraulik**
16. einen hysterischen Anfall bekommen	**hysterisch**
17. die hygienischen Zustände im Lager verbessern	**hygienisch**
18. mit einem Hybridauto Treibstoff sparen	**das Hybridauto**
19. einen Menschen hypnotisieren	**hypnotisieren**
20. eine Massenhysterie befürchten	**die Massenhysterie**

Übung 63

1. Mayonnaise	Majonäse	21. Chauffeur	Schofför
2. Saxophon	Saxofon	22. Friseur	Frisör
3. Sauce	Soße	23. Coupon	Kupon
4. Myrrhe	Myrre	24. Thunfisch	Tunfisch
5. Joghurt	Jogurt	25. Delphin	Delfin
6. Sketch	Sketsch	26. Drainage	Dränage
7. Cousine	Kusine	27. Orthographie	Orthografie
8. Panther	Panter	28. Spaghetti	Spagetti
9. Discosound	Diskosound	29. Hautcreme	Hautkrem(e)
10. Polonaise	Polonäse	30. Nougat	Nugat
11. Bouquet	Bukett	31. Boutique	Butike
12. Ghetto	Getto	32. Geographie	Geografie
13. Ketchup	Ketschup	33. Phantasie	Fantasie
14. Papiermache	Papiermaschee	34. Checkkarte	Scheckkarte
15. Kommunique	Kommunikee	35. Ohrclips	Ohrklips
16. todchic	todschick	36. cremig	kremig
17. Katarrh	Katarr	37. Differentialgetriebe	Differenzial-getriebe
18. Calcium	Kalzium	38. Cabaret	Kabarett
19. Tunell	Tunnel	39. Photograph	Fotograf
20. shampoonieren	schamponieren	40. bravourös	bravurös

Übung 64

	TIPP
ein Weihnachtsbillett/**billet**	x
ein Balletttänzer	1
ein Keyboard	1
eine Rallye	2
das Ketchup, **Ketschup**	x
ein Hobby	1
der Karaokesänger	2
chaotisch	1
das Notquartier	2
cremig, **kremig**	x
der Thunfisch, **Tunfisch**	x
das Copyright	1

	TIPP
im Eishockey	1
ein Evergreen	2
das Tunell, **der Tunnel**	x
die Tattoos	1
ein Geysir	2
die Leasingrate	1
der Caterpiller	2
die Cousine, **Kusine**	x
der Rhombus	1
der Taifun	2
die Spagetti, **Spaghetti**	x
im Freestyle	2

Übung 65

1. In der **Ch**ampions **Lea**gue sollte es auch Medai**ll**en für F**ai**rne**ss** geben.
2. Unter den F**a**ns brach eine H**y**sterie aus, weil die Boxer so un**f**air **figh**teten.
3. Am **Wee**kend wechseln gestre**ss**te Mana**g**er das Sa**kk**o mit einem Jo**gg**inganzug.
4. Das spe**z**ielle Differen**t/z**ialgetriebe des Milit**ärjee**ps war irrep**a**rabel.
5. Der Pull**o**ver aus **Sh**etl**a**ndwolle war chi**c** und sensa**t**ionell billig.
6. Eine fi**x**e **J**obzusage gab dem Bar**kee**per ein komple**tt** gutes F**ee**ling.
7. Eishock**ey** und Rall**ye**s sind ex**t**rem harte Sportdisziplinen.
8. C**oo**lness und K**ee**psm**i**ling sind für Ka**rr**ieren im **B**usiness entscheidend.
9. Bea**ch**vo**lley**ball zählt zu den Hi**t**s der sporti**v**en **K**ids von heute.
10. Die **J**azzmusiker freuen sich über ein positi**v**es F**ee**dba**ck** der F**a**ns.
11. Ein Pl**u**s im T**o**urismus ist für Resta**ura**ntbesitzer und Hote**li**ers erfreulich.
12. Mit R**ou**tine kann man auch or**th**ogra**f/ph**ische Pro**b**leme brav**ou/u**rös meistern.
13. Spa**g/gh**etti, Pi**zz**a und Ch**ee**seb**u**rger sind im Angebot vieler Fastf**oo**d-Ketten.
14. Bei einer Ra**zz**ia brachte die Patr**ou**ille einige Gano**v**en ins Ko**mm**i**ss**ariat.
15. In der **C**ity wurde eine **Bou/utiqu/ke** für **Sou**veni**r**s eröffnet.
16. Sie beherrschte **sou**ver**ä**n die Konstru**k**tion von **Rh**ombus und **Hy**perbel.
17. Zur Di**ss**erta**t**ion bekam der Doktoran**d** zahlreiche Bi**ll**e**tt/ts**.
18. Die Infla**t**ionsrate lag o**ff**izie**ll** unter drei **P**rozent.
19. In der **V**ino**th**ek lagern e**xz**e**ll**ente Weine und Desti**ll**ate.
20. Die H**y**drauli**k** des Ba**gg**ers funk**t**ionierte auch nach der Rep**a**ratur nicht.

Übung 66

1. Sie waren nicht in der Schule, nicht im Cafe, sondern im Kino.
2. Frau Xandl reist heuer nach Japan, Hongkong, Bali sowie nach Australien.
3. Eltern, Großeltern und Kinder leben heute selten in einem Haushalt.
4. Montag, Mittwoch und Freitag sind die Ordinationstage von Dr. Wunderer.
5. Am Montag haben wir Mathematik, Englisch, Physik, aber nicht Deutsch.
6. Seine Kleidung ist alt, abgetragen, aber immer sauber.
7. Zur Feier kommen Verwandte, Freunde und Freundinnen.
8. Am liebsten mag er fette Gänse, Bratkartoffeln, Krautsalat und Jungwein.
9. Herr Ängstlich erschrickt, zittert, will schreien und fällt in Ohnmacht.
10. Zur Jause verzehrt er meistens Wurst, Speck, Käse usw.
11. Dezember, Jänner, Februar sind die Wintermonate.
12. Die Firma sucht Schlosser, Tischler, Maler und andere Hilfskräfte.
13. Er will Tee mit Zitrone oder Milch, aber nicht mit Rum.
14. Im Sommer reifen Kirschen, Marillen, jedoch keine Weintrauben.
15. Das Mädchen ist intelligent, redegewandt, freundlich sowie hübsch.
16. Warum, weshalb, weswegen sind Fragewörter.
17. Internet, SMS und Mails zählen zu den modernen Kommunikationsmitteln.
18. Der Lehrer ist streng, konsequent, aber gerecht.
19. In den Wäldern stehen Fichten, Buchen, Föhren, aber selten Tannen.
20. Die Gäste brachten Blumen, Wein und andere Kleinigkeiten mit.

Übung 67

1. Der Patient starb nach einem langen, schweren Leiden.
2. Er bevorzugt erlesene österreichische Weißweine.
3. Die Kinder pflückten bunte, angenehm duftende Blumen.
4. Der Lektor überarbeitet den fehlerhaften, unvollständigen Text.
5. Viele Unternehmer jammern über die allgemeine wirtschaftliche Lage.
6. An heißen, sonnigen Wochenenden fahren viele Städter aufs Land.
7. Im Winter denkt man oft an die zahlreichen heißen Sommertage.
8. Der fleißige, folgsame Bub wird von allen gelobt.
9. Er zieht ein helles steirisches Bier dem dunklen bayrischen Bier vor.
10. Kinder bestellen gern einen süßen, pickigen Saft.
11. Der Zahnarzt kontrollierte zuerst die unteren plombierten Zähne.
12. In der Freizeit löst sie gerne interessante geografische Rätsel.
13. Manchmal liest sie auch einen spannenden abenteuerlichen Roman.
14. Wer liebt nicht spannende, interessante Bücher?
15. Er sucht ein billiges, zuverlässiges Gebrauchtauto.
16. Jeder Lehrer freut sich über interessierte, hoch motivierte Schüler.
17. Sie kauft rote, stark riechende Rosen.
18. Der Mechaniker repariert das kaputte automatische Getriebe.
19. Der Chor sang bekannte weihnachtliche Weisen.
20. Der Unbekannte trug einen schwarzen, breitkrempigen Hut.

Übung 68

1. Donald Duck wohnt in Entenhausen, Schnabelweg 7.
2. Die Abfahrt erfolgt am Sonntag, dem 2. April, um 9 Uhr.
3. Die Eröffnung findet am Samstag, 1. Mai, 17 Uhr(,)statt.
4. Renate S. wohnt in Dresden, Wilhelmstraße 24, 2. Stiege, Tür 13.
5. Das Gesetz wurde im Bundesgesetzblatt, Jahrgang 2004, 168. Stück(,) veröffentlicht.
6. Das Fremdwort kannst du im ÖWB, Seite 598, linke Spalte(,) finden.
7. Er kommt am Samstag, 24. Dezember, 18 Uhr(,) pünktlich an.
8. Sie werden am Samstag, dem 7. Februar(,) abfliegen.
9. Ihr Schreiben vom 1. April wurde bereits beantwort.
10. Die Schularbeit findet kommenden Dienstag, 3. Stunde(,) statt.
11. Am Freitag, dem 13. März(,) soll man angeblich Pech haben.
12. Er wohnt in Wien, Lerchenfeldergürtel 15, 2. Stock.
13. Er hätte eine Tageszeitung vom Dienstag, dem 18. Jänner (,) gebraucht.
14. Die Tagung soll am Mittwoch, dem 19. Jänner, um 9 Uhr(,) beginnen.
15. Gustav Kuhn, Krems, Landstraße 10(,) ist Sieger des Preisausschreibens.
16. Die 3. Schularbeit vom 20. Jänner war ein Flop.
17. Das Schreiben geht an Ludwig M., Berlin, Kurfürstendamm 10, 3. Stock.
18. Alle denken an die Flutkatastrophe vom 26. Dezember 2004 im Indischen Ozean.
19. Der Brief ist adressiert an Herrn Wurm, 3500 Krems, Langenloiserstraße 3.
20. Die Party steigt am Samstag, 5. Februar, 19 Uhr(,) in München, Rosenheimstraße 10.

Übung 69

1. Leopold der Heilige wird als Landespatron von Niederösterreich gefeiert.
2. Viele Touristen besuchen den Stephansdom, das Wahrzeichen von Wien.
3. Die Sekretärin, um rechtzeitig im Büro zu sein, nimmt den Frühzug.
4. Rudolf von Habsburg besiegte Ottokar von Böhmen.
5. Raimund, von Kindheit an gehbehindert, ist ein lebenslustiger Bursche.
6. Sie besuchten im letzten Sommer Rom, die Ewige Stadt.
7. Er, ohne auf den Verkehr zu achten, überquerte die Straße.
8. Eva, die jüngere Tochter, studierte Medizin an der Wiener Universität.
9. Ludwig der Vierzehnte, König von Frankreich, liebte das prunkvolle Leben.
10. Ich kenne Herrn Stich, einen begeisterten Bienenzüchter.
11. Ein Kind, geschlagen und gedemütigt, leidet lebenslang an den Folgen.
12. Der Richter befragte Herrn Geist, den Zeugen des Unfalls.
13. Frau Kaiser, die Klägerin, und Herr König, der Angeklagte, betraten den Gerichtssaal.
14. Anja, die einzige Tochter, übernahm die Firma ihrer Eltern.
15. Die Polizei, dein Freund und Helfer, sorgt für die öffentliche Sicherheit.
16. Ivan der Schreckliche, Zar von Russland, war ein gefürchteter Herrscher.
17. Die Sportlerin, ergriffen von ihrem Olympiasieg, brach in Freudentränen aus.
18. Er saß im Büro, müde und verschlafen.
19. Er, immer schlecht gelaunt, und sie, stets fröhlich, passen nicht zusammen.
20. Mit Riesenschritten kam er näher, der Tag der Entscheidung.

Übung 70

1. Obst, besonders frisch gepflückte Marillen, esse ich am liebsten.
2. Gegen Abend sind Schneeschauer möglich, vor allem im Westen und Norden.
3. Bei der Messe waren viele Unternehmer, insbesondere österreichische Firmen, vertreten.
4. Er bereiste die ganze Welt, unter anderem auch viele Entwicklungsländer.
5. Der Chef machte eine eindeutige Bemerkung, und zwar mit voller Absicht.
6. Giftige Pilze, zB Knollenblätterpilze, können zu schweren Vergiftungen führen.
7. Wir suchen tüchtige Mitarbeiter, und zwar für den Außendienst.
8. Zehn Teilnehmer, das ist fast die Hälfte, litten nach dem Essen an Übelkeit.
9. Das allgemeine Wahlrecht wurde 1907, also schon vor 100 Jahren, eingeführt.
10. Er wählte die sicherste Art des Reisens, und zwar mit dem Schiff.
11. Es werden verschiedene Weißweine angeboten, nämlich Veltliner und Riesling.
12. Sie liebt verschiedene Sportarten, besonders aber das Joggen.
13. Der Arzt verordnete ihm eine gesunde Lebensweise, das heißt ohne Alkohol und Nikotin.
14. Ich erwarte dich in der nächsten Woche, und zwar am Donnerstag.
15. Alle, das heißt Mädchen und Buben, sollten einen Kochkurs besuchen.
16. Diese Woche, genauer am Donnerstag oder Freitag, werden Unwetter erwartet.
17. Er kannte nur eines, nämlich arbeiten und sparen.

18. Die Satzzeichen, vor allem Beistriche, bereiten vielen Probleme.
19. Großstädte, so auch New York und Tokio, sind immer Wirtschaftszentren.
20. Der Gesamtbetrag, also Fahrt und Hotel, lag unter 1 000 Euro.

Übung 71

1. Der Olympiasieger sprang weiter, als jemals ein anderer gesprungen war.
2. Das Licht bewegt sich wesentlich schneller als der Schall.
3. Er lief so schnell, wie es die Trainer erwartet hatten.
4. Die neuen Handys verkaufen sich gut wie die warmen Semmeln.
5. Wie die Alten (ge)sungen, so zwitschern die Jungen.
6. Es ging besser, als alle erwartet hatten.
7. Wie jedes Jahr gab es auch heuer einige verregnete Urlaubstage.
8. Vater kam früher als gewöhnlich von der Arbeit nach Hause.
9. Die Waren sind jetzt billig wie nie zuvor.
10. Wie die Arbeit ausgefertigt ist, so sieht man dies selten.
11. Das Rauchen ist schädlicher, als viele glauben.
12. Das Nikotin wirkt auf jugendliche Körper anders, als es auf Erwachsene wirkt.
13. Er sieht drein wie drei Tage Regenwetter.
14. Er kämpfte wie ein Löwe um sein Recht.
15. Auch leicht alkoholisierte Getränke sind nicht so harmlos, wie manche glauben.
16. Bei gesunder Lebensweise kann man viel älter als andere werden.
17. Schneller als er kann kein Mitschüler laufen.
18. Mancher tut, wie wenn er Geld in Hülle und Fülle hätte.
19. Sie liest wesentlich mehr als ihre Schwester.
20. Manche konsumieren mehr, als sie sich leisten können.

Übung 72

1. Danke, ich habe schon gegessen.
2. Bitte, komm doch morgen einmal pünktlich! (mit Nachdruck)
3. Könnten Sie bitte von meinen Zehen steigen. (ohne Nachdruck)
4. He, was machst du da?
5. Hört, Kinder, doch endlich einmal zu.
6. Was, du hast ein Sehr gut auf die Schularbeit?
7. Zweifeln Sie, lieber Herr Direktor?
8. Ja, Glück müsste man haben!
9. Nein, das ist doch nicht möglich!
10. Ich habe schon gegessen, danke.
11. Leider, der Abfahrtslauf musste wegen schlechter Sicht abgesagt werden.
12. Bitte, bitte, vergesst nicht die Fotos mitzunehmen.
13. Keine Angst, ich werde sicher daran denken.
14. Du denkst sicher daran, tatsächlich?
15. Natürlich, wie könnte ich darauf vergessen!
16. Komm doch, bitte, bitte, zu meiner Party.
17. Au, das tut weh!
18. Sei nicht so wehleidig, Max!
19. Hallo, wie geht es euch?
20. Sie können jetzt, geschätzte Kunden, unser Vorteilsangebot nutzen.

Übung 73

Die unvollständigen Gliedsätze sind hier dicker unterstrichen.
Die unvollständigen Hauptsätze sind normal unterstrichen.

1. Ich komme, wenn gewünscht, morgen zu dir.
2. Möglich, dass ich etwas später kommen werde.
3. Sie wussten in dieser Situation nicht mehr, was tun.
4. Wie bereits gesagt, kann man leider nichts machen.
5. Ende gut, alles gut.
6. Wie allgemein bekannt, erweitert Lesen den Wortschatz.
7. Vielleicht, dass Sie die fehlerhafte Ware ersetzt bekommen.
8. Falls nötig, wird der Chef persönlich kommen.
9. Ehre verloren, alles verloren.
10. Wir wollen die Sache, wenn irgendwie möglich, noch heute erledigen.
11. Ich weiß nicht, was anfangen.
12. Kann sein, dass er noch rechtzeitig eintrifft.
13. Weil total unsicher, ging er nicht zur Prüfung.
14. Sicher, dass das Wetter schön bleibt.
15. Er wird sich, falls unbedingt gewünscht, für uns einsetzen.
16. Wie gewonnen, so zerronnen.
17. Wir können die Ware sofort bestellen, wenn gewünscht.
18. Schön, dass du an mich gedacht hast.
19. Wo kein Kläger, da kein Richter.
20. Obwohl nicht in Form, gewann er trotzdem.

Übung 74

1. Janos, der aus Polen stammt, und ich sind gute Freunde.
2. Er fragte: „Wer ist draußen?", und öffnete die Tür.
3. Er zweifelte lange, und das mit gutem Grund.
4. Alexandra, Tina und Vera sind langjährige Freundinnen.
5. Dominik, der jüngere Bruder, und Petra sind in einem Camp (2 Personen).
6. Er stürzte im Zieleinlauf, und zwar schwer.
7. Total erschöpft und vom Regen durchnässt, kamen sie heim.
8. Er sagte, dass er morgen komme, und fuhr ab.
9. Das Licht geht aus, der Vorhang hebt sich und das Spiel beginnt.
10. Ich hoffe, dass dir das Kleid gefällt und dass es dir passt.
11. Die Polizei machte einen Alkotest, und mit Recht.
12. Er schrie: „Hände hoch!", und bedrohte den Kassier mit einer Pistole.
13. Er versprach die Blumen zu gießen und die Mülltonne herauszustellen.
14. Er sagte, er komme nie wieder, und verabschiedete sich.
15. Mozart, der bekannte Komponist, und Salieri standen im Widerstreit.
16. Zu hohes Tempo und glatte Straßen verursachten eine Massenkarambolage.
17. Weiß jemand, wie sich der Unfall ereignete und wer Schuld hat?
18. Er sagte, er wisse von nichts, und verschwand.
19. Er klopfte an und die Tür ging auf.
20. Ich ärgerte mich, weil es regnete und weil ich den Schirm vergessen hatte.

Übung 75

1. Er will sie nicht.
2. Er will, sie aber nicht.
3. Ich begnadige, nicht hinrichten!
4. Ich begnadige nicht, hinrichten!
5. Liebe, dieses Abenteuer!
6. Liebe dieses Abenteuer!
7. Was, willst du mehr?
8. Was willst du mehr?
9. Wir raten ihm, zu folgen.
10. Wir raten, ihm zu folgen.
11. Max, meint Alex, sei ein Geizhals.
12. Max meint, Alex sei ein Geizhals.
13. Hier ruhen Herr Trost, der Großvater und seine Frau.
14. Hier ruhen Herr Trost, der Großvater, und seine Frau.
15. Hier bin ich, Chef!
16. Hier bin ich Chef!
17. Mein Freund kannst du nicht bleiben.
18. Mein Freund, kannst du nicht bleiben?
19. Heidi, meine Schwester und ich feiern.
20. Frau Kalt, die Direktorin, und Herr Kalz nahmen teil.

Übung 76

1. Dezember, Jänner, Februar sowie die erste Märzhälfte zählen zu den Wintermonaten.
2. Das Unternehmen sucht Tischler, Maler, aber keine Hilfskräfte.
3. Andi, Silke und Tom lösen interessante mathematische Aufgaben.
4. Mein Freund wohnt in Wien, Ennsgasse 7, 2. Stock, Tür 13.
5. Marion, die älteste Tochter, studiert in Wien Betriebswissenschaften.
6. Ludwig der Vierzehnte, genannt der Sonnenkönig, liebte den Luxus.
7. Der Sieger fuhr um zwei Hundertstel schneller als der Zweitplatzierte.
8. Mancher tut so, als wäre er ein Millionär.
9. Er wählte die schnellste Art des Reisens, und zwar mit dem Flugzeug.
10. Meine Damen und Herren, treten Sie näher und hören Sie zu.
11. Kann sein, dass ich mich geirrt habe.
12. Er sagte, er komme aus Afrika, und bat um Hilfe.
13. Er verstarb nach kurzem, schwerem Leiden.
14. Herr Huber, unser Klassenlehrer, ist streng, aber gerecht.
15. Er rief: „Vorsicht, ich komme!", und schon krachte es.
16. Wir beide, Ralf, mein Freund, und ich, fahren gemeinsam ans Meer.
17. Er zweifelte an der Wahrheit, und das mit Recht.
18. Er hoffte, dass er gewinne und dass er seine Schulden zahlen könne.
19. Zweifeln Sie, Frau Direktor, an der Wahrheit?
20. Die Zeichensetzung, zB das Setzen von Beistrichen, ist keine Geheimwissenschaft.

Übung 77

1. **AV**
2. **BW**
3. **BW**
4. **AV**
5. **AV**
6. **BW**
7. **BW**
8. **AV**
9. **BW**
10. **BW**
11. **AV**
12. **BW**
13. **AV**
14. **BW**
15. **AV**
16. **BW**
17. **AV**, **AV**
18. **BW**
19. **AV**
20. **AV**

Übung 78

Die Gliedsätze sind hier dicker unterstrichen, die Hauptsätze normal.

1. Er wartet, **doch/aber** sein Freund kommt und kommt nicht.
2. Draußen ist es bitterkalt, **dennoch** trägt er keine Jacke.
3. Das Licht im Saal erlischt(,) **und** der Vorhang geht hoch.
4. Er war nicht nur zerstreut, **sondern** er vergaß auch alles.
5. Der Lehrer war schlecht gelaunt, **weil** wir wieder zu spät kamen.
6. Er versagte wieder, **obwohl** er gründlich studiert hatte.
7. Sie kochte, **während** er die Teppiche saugte.
8. **Wenn** ich du wäre, würde ich mir das gut überlegen.
9. Er musste das Haus verkaufen, **sonst** hätten ihn die Schulden aufgefressen.
10. Einerseits ist er willig, **anderseits** fehlt ihm die Ausdauer.
11. Alle hoffen, **dass** diesmal alle positiv bewertet werden.
12. Es war kalt, **außerdem** regnete es noch dazu.
13. Der Lehrer wartete, **bis** alle in der Klasse ruhig waren.
14. Er liest zwar viel, **aber/doch** sein Schriebstil verbessert sich kaum.
15. Komm näher, **damit** ich dich besser hören kann.
16. Der Star begrüßte die Fans, **indem** er allen zuwinkte.
17. Entweder er studiert **oder** er muss sich eine Arbeit suchen.
18. **Wenn/Sobald** ich von der Schule heimkomme, plündere ich den Kühlschrank.
19. Am liebsten isst er Kaviar, **aber/doch** dieser ist sehr teuer.
20. **Bevor** es noch hell wird, sitzen bereits viele Pendler im Zug.

Übung 79

1. Wer schnell hilft, gibt doppelt.	(Subjektsatz)
2. Wem es nicht gefällt, kann gehen.	(Subjektsatz)
3. Er gestand, dass er geschwindelt hatte.	(Objektsatz)
4. Dass du mich besuchen willst, freut mich sehr.	(Subjektsatz)
5. Er besteht darauf, dass ich ihn vorher besuche.	(Objektsatz)
6. Es ist sicher, dass wir uns bald wieder sehen.	(Subjektsatz)
7. Kann verurteilen, wer selbst kein reines Gewissen hat?	(Subjektsatz)
8. Verzeih mir, dass ich so unhöflich war.	(Objektsatz)
9. Ob er kommt, ist noch fraglich.	(Subjektsatz)
10. Weißt du, wie viel 1 l Milch kostet?	(Objektsatz)
11. Glücklich, wer ein Talent für Sprachen hat.	(Subjektsatz)
12. Es ist fraglich, ob das Schönwetter anhalten wird.	(Subjektsatz)
13. Was vergangen ist, kehrt nicht mehr wieder.	(Subjektsatz)
14. Ich hoffe, dass du Recht hast.	(Objektsatz)
15. Ob die Nachricht wahr ist, weiß ich nicht.	(Objektsatz)
16. Ich sage dir, wer du bist.	(Objektsatz)
17. Es ist nun bekannt, wie die Oberfläche des Titan aussieht.	(Subjektsatz)
18. Erzähle uns, wovon du lebst.	(Objektsatz)
19. Weißt du, woher die neue Schülerin kommt?	(Objektsatz)
20. Wer anderen eine Grube gräbt, fällt selbst hinein.	(Subjektsatz)

Übung 80

1. Der Aufstieg dauerte *wegen des steilen Weges* (**BE**) so lange.
   Der Aufstieg dauerte so lange, weil **der Weg so steil war**.
2. *Am Zusammenfluss von Inn und Donau* (**OE**) liegt Passau.
   Wo **Inn und Donau zusammenfließen**, liegt Passau.
3. *Vor Lachen* (**BE**) brach er in Tränen aus.
   Weil **er (so viel) lachte**, brach er in Tränen aus.
4. Die Gäste blieben *bis Mitternacht* (**ZE**).
   Die Gäste blieben, bis **es Mitternacht war/geschlagen hatte**.
5. Sie singt *wie eine Nachtigall* (**AE**).
   Sie singt, wie **eine Nachtigall singt**.
6. Sie fahren *zur Erholung* (**BE**) ins Gebirge.
   Sie fahren ins Gebirge, weil **sie sich erholen wollen**.
7. Er verabschiedete sich *mit einem langen Händeschütteln* (**AE**).
   Er verabschiedete sich, indem **er lange die Hände schüttelte**.
8. Sie stammt *aus meinem Geburtsort* (**OE**).
   Sie stammt daher, wo **ich zur Welt kam/geboren wurde**.
9. *Vor Morgengrauen* (**ZE**) krähte schon der Hahn.
   Bevor/Ehe **der Morgen graute**, krähte schon der Hahn.
10. Sie löste die Aufgaben *mit dem Taschenrechner* (**AE**).
    Sie löste die Aufgaben, indem **sie einen Taschenrechner verwendete**.

Übung 81

1. Der Lehrer meinte,	**Hauptsatz**
dass er gut wäre,	**Gliedsatz 1. Grades**
dass Tom Bücher lese,	**Gliedsatz 2. Grades**
die seinem Alter entsprechen.	**Gliedsatz 3. Grades**
2. Dass ich in einem Haus wohnte,	**Gliedsatz 1. Grades**
das von Wald umgeben war,	**Gliedsatz 2. Grades**
bleibt in meiner Erinnerung.	**Hauptsatz**
3. Sie verspricht,	**Hauptsatz**
dass sie sofort anruft,	**Gliedsatz 1. Grades**
wenn sie in Wien gelandet ist.	**Gliedsatz 2. Grades**
4. Der Arzt sagte,	**Hauptsatz**
dass es besser sei,	**Gliedsatz 1. Grades**
das Trinken aufzugeben,	**satzwertiger Inf. 2. Grades**
damit sich die Leber erholen könne.	**Gliedsatz 3. Grades**
5. Dass es ihm gelingt,	**Gliedsatz 1. Grades**
das Studium noch heuer zu beenden,	**satzwertiger Inf. 2. Grades**
hoffen auch seine Eltern.	**Hauptsatz**
6. Wenn du gelernt hättest,	**Gliedsatz 1. Grades**
wie wir dir empfohlen haben,	**Gliedsatz 2. Grades**
müsstest du jetzt nicht zittern.	**Hauptsatz**

Übung 82

1. Ich weiß, dass er unschuldig ist.
   Ich weiß, **er ist unschuldig**.
2. Ich frage mich, ob er dumm ist oder nur faul.
   Ich frage mich, **ist er dumm oder nur faul**.
3. Wenn ich aufgeregt bin, gelingt mir gar nichts.
   Bin ich aufgeregt, dann gelingt mir gar nichts.
4. Wenn es dunkel ist, werden wir die Hütte erreichen.
   Ist es dunkel, werden wir die Hütte erreichen.
5. Ich wollte, dass ich ein Vöglein wäre.
   Ich wollte, **ich wäre ein Vöglein**.
6. Wenn wir alles eingepackt haben, wollen wir aufbrechen.
   Haben wir alles eingepackt, wollen wir aufbrechen.
7. Ich glaube, dass du in diesem Fall Recht hast.
   Ich glaube, **du hast in diesem Fall Recht**.
8. Wenn du das gleich gesagt hättest, wäre alles anders.
   Hättest du das gleich gesagt, wäre alles anders.
9. Ich glaube, dass sich das Wetter bald umstellt.
   Ich glaube, **das Wetter stellt sich bald um**.
10. Wenn ich du wäre, würde ich mich mehr anstrengen.
    Wäre ich du, würde ich mich mehr anstrengen.

Übung 83

1. Niemand bemerkte, dass sie vor Angst zitterte.	(2)
2. Die Gewinnerin hat bei der Siegerehrung vor Freude Tränen vergossen.	(3)
3. Wenn in der Früh die Sonne aufgeht, steigt rasch die Temperatur.	(2)
4. Er hat die Abfahrt schon das zweite Mal hauchdünn gewonnen.	(3)
5. Wer wird morgen sein Referat halten?	(2)
6. Hättest du das gestern gesagt, wäre alles anders.	(3)
7. Er trat ein, indem er die Anwesenden freundlich begrüßte.	(3)
8. Wenn ich ein Vöglein wär', flög' ich zu dir.	(2)

9. Er hatte wie ein Wasserfall geredet. (1)
10. Das Schiff ist bei hohem Seegang auf ein Riff aufgelaufen. (2)
11. Sobald der Frühling kommt, erwacht die Natur. (1)
12. Er hätte der älteren Dame den Koffer tragen können. (2)
13. Sollte er wirklich kommen, wäre es eine Überraschung. (2)
14. Wenn das Wörtchen wenn nicht wär', wär' ich längst ein Millionär. (2)
15. Er geht nicht früher ins Bett, ehe der Nachtfilm endet. (1)
16. Obwohl es stark regnete, brachen sie auf. (2)
17. Sie wurde auf dem Maskenfest in ihrem Kostüm von niemandem erkannt. (3)
18. Als der Ehrengast eintraf, erhoben sich alle von den Plätzen. (1)
19. Er will von seinem Freund nichts mehr wissen. (2)
20. Die Natur schlug mit voller Härte zurück. (1)

Übung 84

1. Er hatte das Lauberhornrennen öfter als alle anderen Rennläufer gewonnen.
   Er hatte das Lauberhornrennen öfter gewonnen als alle anderen Rennläufer.
2. Er rief seinen Chef, den er gut kennt, an.
   Er rief seinen Chef an, den er gut kennt.
3. Sie will nichts mehr davon wissen, was geschehen ist.
   Sie will nichts mehr wissen davon, was geschehen ist.
4. Mit sicheren Schritten ging er in das Gasthaus hinein.
   Mit sicheren Schritten ging er hinein in das Gasthaus.
5. Schwer ist festzustellen, wo die Grenze zwischen Genie und Wahnsinn liegt.
   Schwer ist festzustellen, wo liegt die Grenze zwischen Genie und Wahnsinn.
6. Ich möchte auf keinen Fall in diesem Sommer verreisen.
   Ich möchte auf keinen Fall verreisen in diesem Sommer.
7. Gestern hat es mehr als heute geschneit.
   Gestern hat es mehr geschneit als heute.
8. Du sollst nicht wie ein Elefant auftreten.
   Du sollst nicht auftreten wie ein Elefant.
9. Er will sich für die Verleumdung, die ihm schwer schadete, rächen.
   Er will sich rächen für die Verleumdung, die ihm schwer schadete.
10. Er ist höher als die gesamte Konkurrenz gesprungen.
    Er ist höher gesprungen als die gesamte Konkurrenz.

Übung 85

Die Gliedsätze sind hier dicker unterstrichen.

1. Er gab zu, dass er geschwindelt hatte (**OBJS**), weil er zu wenig gelernt hatte (**B**).
2. Ehe die Frist verstrich (**Z**), tauchte er unter, damit ihn niemand finden konnte (**B**).
3. Es ist sicher, dass wir ihn wieder sehen (**OBJS**), wenn er Wien besucht (**Z**).
4. Ich sehe ein, dass es so nicht weitergehen kann (**OBJS**).
5. Wo die Elbe in die Nordsee mündet (**O**), liegt die Hafenstadt Hamburg.
6. Das Licht erlischt, der Vorhang hebt sich, das Spiel beginnt.
7. Es ist fraglich, ob das Wetter schön ist (**SS**), wenn wir unseren Sporttag abhalten (**Z**).
8. Iss, was gar ist (**OBJS**); trink, was klar ist (**OBJS**); sprich, was wahr ist (**OBJS**)!
9. Wer nicht pünktlich ist (**SS**), fällt unangenehm auf.
10. Er verabschiedete sich von uns, indem er uns freundlich zulächelte (**A**).
11. Der eine stöhnt, weil er zu viel Arbeit hat (**B**), der andere jammert, weil er keine hat (**B**).
12. Jeder glaubt, er sei klüger als der andere (**OBJS**).
13. Wo man singt (**ORTS**), da lass dich nieder, denn böse Menschen haben keine Lieder (**B**).
14. Wie man in den Wald hineinruft (**A**), so hallt es wider.
15. Ich bleibe hier, bis er kommt (**Z**), weil ich es ihm versprochen habe (**B**).
16. Es ist erfreulich, dass die Krankenstände zurückgehen (**SS**).
17. Er fragte, wo hier der Bahnhof sei (**OBJS**), und setzte seinen Weg fort.
18. Wer zu wenig schläft (**SS**), wird bei der Arbeit unkonzentriert sein.
19. Wer zu spät kommt (**OBJS**), den bestraft das Leben.
20. Bevor man unterschreibt (**Z**), sollte man auch das Kleingedruckte lesen.

Übung 86

Das Nomen, welches zu einem nominalen Block erweitert wurde, erscheint hier kursiv.

1. Der *Gemahl* der von allen bewunderten Dame wurde etwas nervös.
2. Der aus Flachau stammende *Hermann Maier* gewann den Riesentorlauf.
3. Die durch das Hochwasser beschädigte *Brücke* musste abgetragen werden.
4. Er verzichtete auf eine ihm zustehende *Entschädigung* für Flutopfer.
5. Er verwies auf eine in der Bauordnung verankerte *Bestimmung* zum Brandschutz.
6. Das bei einem Sturm in Seenot geratene *Schiff* wurde in den Hafen geschleppt.
7. Der in der Nacht auf frischer Tat ertappte *Täter* konnte leider fliehen.
8. Der Chef verurteilte den auf einen Tag befristeten *Warnstreik* der Belegschaft.
9. Das bis auf den letzten Platz gefüllte *Stadion* musste polizeilich gesperrt werden.
10. Die aus der Werbung bekannten *Artikel* der österreichischen Firmen gehen gut.
11. Die Zöllner fahnden nach in PKW geschmuggelten *Zigaretten* aus dem Ausland.
12. Fruchtige *Weißweine* aus Niederösterreichs Weinbaugebieten werden gern getrunken.
13. Unvergesslich bleiben die im Herbst durchgeführten *Projekttage* im Nationalpark.
14. Weithin hört man das *Donnern* der über die Felsen in die Tiefe stürzenden Enns.
15. Der Besuch gewährt einen *Einblick* in die Arbeit zur Bewirtschaftung der Almen.
16. Die *Glocknergruppe* mit ihren weit ausladenden Gletschern kann man erkunden.
17. Der zum Tode verurteilte *Mörder* eines Mädchens wurde nicht begnadigt.
18. Eine aus der Luft gegriffene *Anschuldigung* des Direktors entpuppte sich als Unwahrheit.
19. Sich an Sonne sehnende *Touristen* fliegen gern in die Karibik.
20. Die aus vielen Attributen bestehenden nominalen *Blöcke* sind schwer verständlich.

Übung 87

1. Sich nach Schnee sehnende Touristen lieben den Arlberg.
   Touristen, die sich nach Schnee sehnen, lieben den Arlberg.
2. Der aufgrund des Glatteises ins Rutschen geratene Bus landete im Straßengraben.
   Der Bus, der aufgrund des Glatteises ins Rutschen geraten war, landete im Straßengraben.
3. Der Arzt untersuchte den von einem Auto am Zebrastreifen niedergestoßenen Passanten.
   Der Arzt untersucht den Passanten, der von einem Auto am Zebrastreifen niedergestoßen wurde.
4. Er verzichtete auf eine ihm zustehende Entschädigung für Katastrophenopfer.
   Er verzichtete auf einen Entschädigung für Katastrophenopfer, die ihm zugestanden war.
5. Die aus mehreren Gründen verschobene Party wird am Wochenende nachgeholt.
   Die Party, die aus mehreren Gründen verschoben wurde, wird am Wochenende nachgeholt.
6. Der Notar verhilft den Kindern der vor einer Woche verunglückten Eltern zu ihrem Erbe.
   Der Notar verhilft den Kindern, deren Eltern vor einer Woche verunglückt waren, zu ihrem Erbe.
7. Die mit großen Lettern auf der Titelseite gedruckte Headline liest jeder.
   Die Headline, die mit großen Lettern auf der Titelseite gedruckt ist, liest jeder.
8. Er betrachtete den von Millionen von Sternen übersäten Nachthimmel.
   Er betrachtete den Nachthimmel, der von Millionen von Sternen übersät war.
9. Die nach einer Kollision mit einem Eisberg auf Grund gelaufene Titanic wurde geortet.
   Die Titanic, die nach einer Kollision mit einem Eisberg auf Grund gelaufen war, wurde geortet.
10. Wir gedenken der in den beiden Weltkriegen ums Leben gekommenen Menschen.
    Wir gedenken der Menschen, die in den beiden Weltkriegen ums Leben gekommen waren.

Übung 88

1. Wegen des im Fernsehen vorhergesagten Kaltwettereinbruchs verschoben wir die Tour.
   Weil **im Fernsehen ein Kaltwettereinbruch vorhergesagt wurde, verschoben wir die Tour.**
2. Vor dem Antritt einer Fernreise in tropische Länder sollte man sich impfen lassen.
   Bevor **man eine Fernreise in tropische Länder antritt, sollte man sich impfen lassen.**
3. Während des Besuches eines Staatsoberhauptes beim Papst war der Vatikan gesperrt.
   Während **ein Staatsoberhaupt den Papst besuchte, war der Vatikan gesperrt.**
4. Trotz der Warnung von Touren außerhalb der Piste fuhren einige in den Hang ein.
   Obwohl **vor Touren außerhalb der Piste gewarnt wurde, fuhren einige in den Hang ein.**
5. Nach langen in alle Richtungen gehenden Überlegungen fasste er einen Entschluss.
   Nachdem **er lange in alle Richtungen Überlegungen angestellt hatte, fasste er einen Entschluss.**
6. Vor dem Entschluss zu einem Kauf eines neuen Autos sollte man zum Rechenstift greifen.
   Ehe/Bevor **man sich zu einem Kauf eines neuen Autos entschließt, sollte man zum Rechenstift greifen.**
7. Wegen des bestehenden Verdachts auf Rinderwahn wurden viele Rinder verbrannt.
   Weil/Da **Verdacht auf Rinderwahn bestand, wurden viele Rinder verbrannt.**
8. Ich fühle das allmähliche Abnehmen meiner letzten Kräfte.
   Ich fühle, wie **meine letzten Kräfte allmählich abnehmen.**
9. Wegen der drohenden Gefahr eines Vulkanausbruches leben die Menschen in Sorge.
   Weil/Da **die Gefahr eines Vulkanausbruches droht, leben die Menschen in Sorge.**
10. Trotz überraschend hohen Andrangs der vielen Interessenten kam es zu keinem Chaos.
    Obwohl **der Andrang der vielen Interessenten überraschend hoch war, kam es zu keinem Chaos.**

Übung 89

1. Er hilft Raimund, seinem Freund.
2. Er hat Raimund, seinem Freund, geholfen.
3. Sie sprach mit Frau List, der Direktorin.
4. Ich besuche Gutenbrunn, meinen Geburtsort.
5. Die Verletzung Maiers, des bekannten Sportlers, hat Schlagzeile gemacht.
6. Herr Fischer, der Bundespräsident, war Ehrengast am Opernball.
7. Die Titanic, ein Luxusdampfer, versank bei ihrer Jungfernfahrt.
8. Wir nähern uns Graz, der Landeshauptstadt.
9. Sie stammt aus Kottes, einer Waldviertler Marktgemeinde.
10. Er arbeitet bei der Strabag, einem österreichischen Bauunternehmen.

Übung 90

Am Abend	**ZE**	Onkel Tom aus Australien	**S**
erwarteten	**P**	stand	**P**
die Eltern	**S**	draußen.	**OE**
den Freund ihres Sohnes.	**04**		
		Die Überraschung	**S**
Um sieben Uhr	**ZE**	war	**P**
läutete	**P**	ihm	**03**
jemand	**S**	voll	**AE**
an der Tür der Wohnung.	**OE**	geglückt.	**P**
Rasch	**AE**	Der weit gereiste Gast	**S**
ging	**P**	trat ein	**P**
Vater	**S**	und	
zur Tür.	**OE**	erzählte	**P**
		von seiner Heimat.	**PO**
Aus Angst	**BE**		
öffnete	**P**	In der Zwischenzeit	**ZE**
er	**S**	ist	**P**
sie	**04**	Gregors Freund	**S**
ganz vorsichtig.	**AE**	eingetroffen.	**P**

Wer	**S**	Gregor	**S**
stand	**P**	nahm sich	**P**
vor ihm?	**OE**	des Freundes	**02**
		an.	**P**

Übung 91

1. Wer glaubt nicht(,) alles richtig gemacht zu haben?
2. Ich bin glücklich(,) die Qualifikationsprüfung geschafft zu haben.
3. Claudia streitet ab(,) das gesagt zu haben.
4. Er fürchtet, wieder zu versagen.
5. Der Computerspezialist ist zufrieden(,) den Fehler gefunden zu haben.
6. Es ist oft besser, in heiklen Situationen zu schweigen.
7. Der Lehrer bittet(,) das Fenster zu schließen.
8. Der Chef bedauert(,) keine Lohnerhöhung anbieten zu können.
9. Er ist stolz(,) die Aufgabe ganz allein gelöst zu haben.
10. Es ist nicht immer gut(,) das letzte Wort zu haben.

Übung 92

1. Die Zeitung lesend(,) spazierte er durch den Park.
2. Am Flughafen angekommen(,) telefonierte sie sofort.
3. Von allen ausgelacht(,) war er traurig.
4. Wie vorher gesagt(,) treffen wir uns morgen um 7 Uhr.
5. Die Sportler(,) aus allen Ländern herbeigeströmt(,) wurden begrüßt.
6. Von der Qualität überzeugt(,) entschloss er sich zum Kauf.
7. Stöhnend vor Schmerz(,) stieg er in den Rettungswagen.
8. Abgesehen von den Fehlern(,) ist der Text einwandfrei.
9. Auf seine Schwäche aufmerksam gemacht(,) besserte er sich.
10. Das Risiko ausschließend(,) geht er auf Nummer sicher.

Übung 93

1. Die Turnlehrerin fragt die neuen Schüler: „Wer **kann** schwimmen?"
2. Der Lehrer fragt: „Wer **will/mag** die Hefte austeilen?"
3. Der Klassenlehrer fragt: „Wer **darf/will** Fotos bestellen?"
4. Der Arzt fuhr ihn an: „Sie **müssen** gesünder leben!"
5. Er dachte sich beim Anblick des üppigen Buffets: „Wer **kann** da widerstehen?"
6. Der Chef **lässt** ihn immer nach Hause telefonieren.
7. „**Darf** ich heute Abend ins Kino gehen?", fragte Max.
8. Die Chefin **lässt** die Angestellten hart arbeiten.
9. Wer **will/mag** bei so einem Wetter zu Hause bleiben?
10. **Lass** ihn doch einmal ausreden!
11. Der Arzt meinte zum Patienten, er **müsse** abnehmen.
12. Wir **wollen** unbedingt zu deinem Fest kommen.
13. Die Eltern **lassen** die Kinder im Garten feiern.
14. „**Darf** ich in die Disco?", fragte Ralf seine Eltern.
15. „Den Film **musst** du unbedingt sehen", meinte mein Freund.
16. „Um wie viel Uhr **muss** ich zu Hause sein?", fragte Christian.
17. „Du **darfst** bis 22 Uhr ausbleiben", meinte Vater.
18. „Ich **will/mag** aber nicht so früh heimgehen", sekkierte Christian.
19. Jugendliche **dürfen** nicht länger in öffentlichen Lokalen verkehren.
20. Die Wirte **müssen** die Verordnung zum Jugendschutz einhalten.

Übung 94

	Präteritum	**Perfekt**
1. ich will kommen	**ich wollte kommen**	**ich habe kommen wollen**
2. er kann lesen	**er konnte lesen**	**er hat lesen können**
3. ihr wollt schenken	**ihr wolltet schenken**	**ihr habt schenken wollen**
4. er lässt reparieren	**er ließ reparieren**	**er hat reparieren lassen**
5. ihr müsst folgen	**ihr musstet folgen**	**ihr habt folgen müssen**
6. sie können fliegen	**sie konnten fliegen**	**sie haben fliegen können**
7. er soll lernen	**er sollte lernen**	**er hat lernen sollen**
8. du magst fernsehen	**du mochtest fernsehen**	**du hast fernsehen mögen**
9. ich darf ausgehen	**ich durfte ausgehen**	**ich habe ausgehen dürfen**
10. du lässt grüßen	**du ließ(es)t grüßen**	**du hast grüßen lassen**
11. er muss büßen	**er musste büßen**	**er hat büßen müssen**
12. du darfst frohlocken	**du durftest frohlocken**	**du hast frohlocken dürfen**
13. sie mögen schenken	**sie mochten schenken**	**sie haben schenken mögen**
14. ihr sollt anrufen	**ihr solltet anrufen**	**ihr habt anrufen sollen**
15. wir können empfehlen	**wir konnten empfehlen**	**wir haben empfehlen können**
16. sie darf mitfahren	**sie durfte mitfahren**	**sie hat mitfahren dürfen**
17. du willst fernsehen	**du wolltest fernsehen**	**du hast fernsehen wollen**

18. ihr lasst liefern	**ihr ließ(e)t liefern**	**ihr habt liefern lassen**
19. du musst aufpassen	**du musstest aufpassen**	**du hast aufpassen müssen**
20. wir sollen Acht geben	**wir sollten Acht geben**	**wir haben Acht geben sollen**

Übung 95

Das als Vollverb verwendete Hilfsverb ist hier dicker unterstrichen.

1. Sie können leider nicht miteinander.
2. Max will, dass ich am Wochenende zu ihm komme.
3. Tante Trude kann nicht gut Schi fahren.
4. Manche mögen Tee mit Milch lieber als Tee mit Zitrone.
5. Er kann das Gedicht auswendig.
6. Sie will ihn nicht.
7. Sie will ihn nicht zu ihrer Geburtstagsparty einladen.
8. Wir dürfen leider nicht.
9. Ich muss es einfach tun.
10. Wer mag schon bei so einem schönen Wetter zu Hause bleiben?
11. Er lässt ihn lange warten.
12. Wer will noch Suppe?
13. Er soll nicht zu spät kommen.
14. Sag ihm: „Er soll mich!"
15. Darf man das überhaupt?
16. Wer soll das bezahlen?
17. Alle wollen den Frieden.
18. Keiner will Streit haben.
19. „Ich muss, Frau Lehrer!", stammelte Oskar.
20. „Während der Schularbeit darf niemand hinausgehen", meinte die Lehrerin.

Übung 96

1. Er hätte besser aufpassen **müssen**.
2. Du hast es so **gewollt**.
3. Das hätte er nicht tun **dürfen**.
4. Er hat es nicht essen **mögen**.
5. Sie hat ihm das Auto **gelassen**.
6. So hat er den Salat nicht **gemocht**.
7. Der Chef hat ihm Überstunden machen **lassen**.
8. Er hat das Gedicht gut **gekonnt**.
9. Sie hat den Hund laufen **lassen**.
10. Sie hat dazu nicht lachen **können**.
11. Man hat ihn nicht überzeugen **können**.
12. Ich habe als Kind nur Erdbeereis **gewollt**.
13. Er hätte rechtzeitig kommen **sollen**.
14. Wer hat das **gedurft**?
15. Er hat das Häkeln schnell **gekonnt**.
16. Er hätte das nicht verraten **dürfen**.
17. Er hat schnell lesen **können**.
18. Wer hätte da nicht kommen **wollen**?
19. Ich habe meinen Freund mitbringen **dürfen**.
20. Er hat das so **gewollt**.

Übung 97

Das modifizierende Verb ist hier dicker, das aussagende Verb dünn unterstrichen.

1. Er versprach rechtzeitig mit dem Lernen anzufangen.
2. Die Vortragende vermochte ihre Zuhörerinnen zu begeistern.
3. Er drohte den bösen Nachbarn zu verklagen.
4. Der Chef wünschte von niemandem gestört zu werden.
5. Er meinte immer alles besser als die anderen zu wissen.
6. Wir brauchen uns nicht für diese Tat zu schämen.
7. Sie beginnen über die Folgen des Rauchens nachzudenken.
8. Manchmal scheinen Raucher ihre guten Vorsätze zu vergessen.
9. Lernen scheint harte Arbeit zu sein.
10. Viele wissen lobende Worte zu schätzen.

Übung 98

Aktiv	Passiv
1. Man verlangt einen Ausweis.	**Ein Ausweis wird verlangt.**
2. **Man empfiehlt zu stornieren**	Es wird empfohlen zu stornieren.
3. Alle lieben sie.	**Sie wird von allen geliebt.**
4. Man hat den Sieger gefeiert.	**Der Sieger ist gefeiert worden.**
5. **Man tanzte lange.**	Es wurde lange getanzt.
6. Man gedenkt der Toten.	**Der Toten wird gedacht.**
7. **Man hat das nicht so gesagt.**	Das ist nicht so gesagt worden.
8. **Man fragte nach ihm.**	Es wurde nach ihm gefragt.
9. Man dankte dem Retter.	**Dem Retter wurde gedankt.**
10. **Man hebt das Urteil auf.**	Das Urteil wird aufgehoben.
11. Man begrüßte alle Gäste.	**Alle Gäste wurden begrüßt.**
12. Wie viel Personal wird man einsparen?	**Wie viel Personal wird eingespart werden?**
13. **Wen hat man verdächtigt?**	Wer ist verdächtigt worden?
14. **Man warnte ihn.**	Er wurde gewarnt.
15. Wer bietet einen Kurzkurs an?	**Von wem wird ein Kurzkurs angeboten?**
16. **Kinder, passt auf!**	Kinder, nun wird aufgepasst!
17. Man sollte nicht so viel rauchen.	**Es sollte nicht so viel geraucht werden.**
18. Die Firma wird Mitarbeiter einstellen.	**Mitarbeiter werden eingestellt werden.**
19. **Man liest immer weniger.**	Es wird immer weniger gelesen.
20. Wer kann das erklären?	**Von wem kann das erklärt werden?**

Übung 99

	Präsens Indikativ	Präteritum Indikativ	Konjunktiv 1	Konjunktiv II
1.	**er geht**	er ging	**er gehe**	**er ginge**
2.	er bleibt	**er blieb**	**er bleibe**	**er bliebe**
3.	**sie schreibt**	**sie schrieb**	**sie schreibe**	sie schriebe
4.	**es geht**	**es ging**	es gehe	**es ginge**
5.	**du fliegst**	**du flogst**	**du fliegest**	du flögest
6.	ihr vergesst	**ihr vergaßt**	**ihr vergesset**	**ihr vergäßet**
7.	**er friert**	**er fror**	er friere	**er fröre**
8.	wir sind	**wir waren**	**wir seien**	**wir wären**
9.	**sie hat**	sie hatte	**sie habe**	**sie hätte**
10.	**er schläft**	**er schlief**	er schlafe	**er schliefe**
11.	es sprießt	**es spross**	**es sprieße**	**es sprösse**
12.	**er denkt**	**er dachte**	**er denke**	er dächte
13.	**ich bin**	ich war	**ich sei**	**ich wäre**
14.	du ziehst	**du zogst**	**du ziehest**	**du zögest**
15.	**sie kommt**	**sie kam**	sie komme	**sie käme**
16.	**er sitzt**	er saß	**er sitze**	**er säße**
17.	es verdrießt	**es verdross**	**es verdrieße**	**es verdrösse**
18.	**du bist**	**du warst**	du seiest	**du wärest**
19.	**du schläfst**	**du schliefst**	**du schlafest**	du schliefest
20.	ich will	**ich wollte**	**ich wolle**	**ich wollte**

Übung 100

1. Wenn ich doch fliegen **könnte**!
2. Ein Schild warnte, dass das Betreten der Gleise verboten **sei**.
3. Er fragte, ob er mitkommen **dürfe**.
4. **Hätte** ich mehr Zeit, **käme** ich gern.
5. **Wüsste** ich bloß ihren Namen!
6. Der Polizist machte uns aufmerksam, dass wir im Halteverbot **stünden**.
7. Wenn ich doch mitfahren **dürfte**!
8. Sie vermutet, dass Vera krank **sei**.
9. Das **hätten** wir endlich überstanden!
10. Der Mutter beklagt, dass ich immer zu spät **aufstünde**.
11. **Könnte** ich doch länger bleiben!
12. Jeder wollte wissen, wann er **komme**.
13. Wenn es doch nicht so kalt **wäre**!
14. Er zweifelt, ob er das Grundstück kaufen **solle**.
15. **Könntest** du doch endlich still sein!
16. **Müssten** wir nicht so früh aufstehen!
17. Er meint, dass es nie zu spät **sei**.
18. Der Sprecher meldet, dass es ein Erdbeben gegeben **habe**.
19. **Gäbe** es keine Kriege mehr!
20. Wenn ich mehr Ehrgeiz **hätte**!

Übung 101

1. Eine Reihe von Schülern **war** anwesend.
2. Robert oder Stefan **kommt** mit.
3. Er oder seine Kinder **werden** dich abholen.
4. Eine Anzahl Muster **weist** leider Schäden auf.
5. Ich und du **sind** aufgefallen.
6. Du und deine Brüder **habt euch** getäuscht.
7. Ein Kilogramm Linsen **macht** satt.
8. Mehr als eine Million **haben** die Sendung gesehen.
9. Viele Grüße **sendet** dir Karl mit Familie.

10. Je ein Exemplar dieser Pflanze **wurde** ausgestellt.
11. Das Wichtigste, die persönlichen Unterlagen, **wurde/wurden** ein Raub der Flammen.
12. Es **war(en)** eine Menge Leute da.
13. Mir **bleiben** noch zehn Euro übrig.
14. Es **herrschten** 30 Grad im Schatten.
15. Drei und drei **ist** sechs.
16. 40% des Rauschgifts **wurden** beschlagnahmt.
17. Weder der eine noch der andere **hat** Recht.
18. Die „Oberösterreichischen Nachrichten" **melden** schwere Gewitter.
19. Zwei Kilo Brot **reichen** für alle aus.
20. Zwei Drittel des Buches **sind** schon ausgelesen.

Übung 102

1. Das stärkste Dreier-Team **sind** Stefan, Jürgen und Günter.
2. Annas Schwäche **sind** Rechtschreibfehler.
3. Die Bevölkerung **sind** dunkelhäutige Menschen.
4. „Die Räuber" **sind** ein Drama von Friedrich Schiller.
5. Die Nahrung des Schwalben **sind** Insekten.
6. Tina und Hannes **wären** ein Traumpaar.
7. Der Schlüssel zum Erfolg **heißen** Natürlichkeit und Lockerheit.
8. Unsere Hoffnung **ist** Nahrung aus dem Meer, zB Fische und Algen.
9. Sowohl ein Apfel als auch eine Orange **sind** mein Lieblingsobst.
10. Er und sie **bleiben** gute Freunde.
11. Die Hälfte der Kugeln **ist** Glasbruch.
12. Deine Freunde und Helfer, die Polizei, **sind** verlässliche Helfer.
13. Entweder Schnitzel oder Schweinsbraten **ist** meine Lieblingsspeise.
14. Alkohol und Nikotin **sind** ein Suchtgift.
15. Der Sport, vor allem Walking und Jogging, **ist** ein billiges Freizeitvergnügen.
16. Weder Walking noch Jogging **ist** mein Hobby.
17. 100 g Heroin **sind** eine große Menge Rauschgift.
18. Eine große Anzahl von Helfern **sind** Mitglieder der Feuerwehr.
19. Meine Jugend, die schönsten Jahre, **war** ein Traum.
20. Tageszeitungen, vor allem der Standard, **sind** ein Muss für Unternehmer.

Übung 103

1. Kinder, **deren** Eltern selbst Sport betreiben, sind auch meist sportlich.
2. Sein Vater, **dem** er sein Talent verdankt, fördert den Jungen.
3. Bergschuhe, ohne **die** man nicht im Gebirge wandert, sollen eine griffige Sohle haben.
4. Teure Sportschuhe, mit **denen** man lange zufrieden ist, machen sich bezahlt.
5. Sportgeräte, für **die** man lange sparen muss, sollte man gründlich pflegen.
6. Ein Haus, **dessen** Mauern feucht sind, verliert an Wert.
7. Die Zuschauer, von **denen** nur wenige randalierten, verhielten sich fair.
8. Die Weißen, zu **denen** auch die Europäer zählen, sollten sich nicht überlegen fühlen.
9. Kinder, **denen** ein gutes Elternhaus fehlt, geraten leichter auf die schiefe Bahn.
10. Ein Handy, ohne **das** Kinder scheinbar nicht mehr leben können, kann teuer werden.
11. Den Film, über **den** ich euch berichtete, gibt es heute im Fernsehen.
12. Ein Lehrer, **dessen** Urteil gerecht ist, wird akzeptiert.
13. Gisela, **die** alle sehr schätzen, wechselt leider die Schule.
14. Ich und die anderen, **die** das gesehen haben, wurden als Zeugen einvernommen.
15. Du, **der/die** so etwas erlebt hat, bist zu beneiden.
16. Das Mädchen, **das** mir gleich aufgefallen war, kannte niemand von uns.
17. Er suchte einen Hammer, mit **dem** er einen Haken einschlagen wollte.
18. Er trug ein Gewand, **das** sonst eher bei einem Maskenfest üblich ist.
19. Frau Skof, **die** als Serviererin arbeitet, ist immer zu allen freundlich.
20. Ein guter Freund ist ein Mensch, zu **dem** man auch in schlechten Zeiten steht.

Übung 104

1. zu = Präposition
2. zu = Verbzusatz zudrehen
3. zu = Wörtchen vor Infinitiv
4. zu = Wort mit Bedeutung „sehr"
5. auf = Präposition
6. bis = Präposition
7. bis = Wort mit eigener Bedeutung
8. bis = Bindewort
9. während = Präposition
10. während = Bindewort
11. um = Präposition
12. um = Verbzusatz umwerfen
13. um = Wörtchen vor Infinitiv
14. um = Präposition
15. aus = Verbzusatz ausblasen
16. aus = Präposition
17. aus = Wort mit eigener Bedeutung
18. aus = Präposition
19. ohne = Präposition
20. ohne = Wörtchen vor Infinitiv

Übung 105

1. gegen **den** Strom schwimmen
2. hinter **die** Kulissen schauen
3. gegenüber **dem** Bahnhof wohnen
4. mit **dem** Cabrio fahren
5. ohne **die** Eltern kommen
6. durch **das** Los entscheiden
7. über **den** Zaun schauen
8. vor **dem** Publikum reden
9. vor **das** Publikum treten
10. bis in **die** Nacht arbeiten
11. samt **dem** Geld unglücklich sein
12. für **das** Leben lernen
13. zwischen **den** Stühlen sitzen
14. sich zwischen **die** Stühle setzen
15. an **die** Vereinbarung denken
16. wider **die** Natur handeln
17. dank **dem** raschen Handeln
18. binnen **der** Frist zahlen
19. nahe **dem** Sportplatz wohnen
20. vor **die** Hunde gehen
21. gemäß **den** Regeln handeln
22. an **den** Folgen leiden
23. an **die** Folgen denken
24. an **der** Grenze kontrollieren
25. nach **dem** Kino fragen
26. bei **den** Eingeborenen leben
27. unter **der** Brücke schlafen
28. unter **die** Decke kriechen
29. auf **dem** Seil tanzen
30. auf **das** Signal achten
31. auf **die** Barrikaden steigen
32. auf **den** Waren sitzen bleiben
33. ohne **den** Freund da sein
34. seit **den** Kindertagen
35. um **das** Vermögen kommen
36. über **den** Kamm scheren
37. unter **dem** Kasten liegen
38. zu **den** Wurzeln zurückkehren
39. nahe **dem** Rathaus parken
40. an **das** Ende denken

Übung 106

1. innerhalb der Grenzen
2. längs des Getreidefeldes
3. mittels eines Nagels
4. binnen drei Tagen
5. außerhalb des Friedhof(e)s
6. während der letzten Jahre
7. zufolge seines Wunsches
8. unweit der Toiletten
9. wegen des Urlaub(e)s
10. statt der Blumen
11. statt Vaters gutem Plan
12. trotz schwerer Gewitter
13. aufgrund eines Rohrbruchs
14. während vierzehn Tagen
15. infolge einer Erhöhung des Preises
16. laut meiner Zahlungsbelege
17. ungeachtet des Schlechtwetters
18. außerhalb des Strandbades
19. wegen Großmutters Begräbnis
20. unweit der U-Bahn-Station

Übung 107

	Vorwort-ergänzung	Umstands-ergänzung	Präpositional-attribut
1. seit drei Wochen krank sein		x	
2. über jemanden lachen	x		
3. Krems an der Donau besuchen			x
4. den Flug nach China stornieren			x
5. zu Fuß gehen		x	
6. aus Furcht schweigen		x	
7. während der Ferien arbeiten		x	
8. an bessere Zeiten denken	x		
9. Eis mit Schlagobers bestellen			x
10. zur Ungenauigkeit neigen	x		
11. sich vor Lachen krümmen		x	
12. mit der Hand schreiben		x	
13. bei meinem Onkel Urlaub machen		x	
14. bis morgen bleiben		x	
15. die Tante aus Australien empfangen			x
16. an das Glück glauben	x		
17. einen Vortrag über Drogen besuchen			x
18. sich vor Einbrechern fürchten	x		
19. auf dem Mond leben		x	
20. die Erinnerung an früher auffrischen			x

Übung 108

Am	Präp.	Aus	Präp.
Abend	N	Vorsicht	N
erwarteten	V	öffnete	V
die	best. A	er	Pron.
Eltern	N	sie	Pron.
mit	Präp.	ganz	Adv.
Spannung	N	langsam.	Adj.
den	best. A		
Freund	N	Wer	Pron.
ihres	Pron.	stand	V
Sohnes.	N	vor	Präp.
		ihm?	Pron.
Um	Präp.		
sieben	Num.	Unser	Pron.
Uhr	N	Onkel	N
läutete	V	aus	Präp.
jemand	Pron.	Australien	N (Eigenname)
an	Präp.	stand	V
der	best. A	draußen.	Adv.
Tür	N		
der	best. A	Die	best. A
Wohnung.	N	Überraschung	N
		war	HV
Rasch	Adj.	ihm	Pron.
ging	V	voll	Adj.
Vater	N	geglückt.	V, Partizip II
zur	Präp.		
Tür.	N		

Übung 109

Am	Präp.
Abend	N, m. G., EZ, 3. Fall
erwartete	V, 3. P., EZ, Prät., aktiv, Ind.
die	best. A, w. G., EZ, 1. Fall
Mutter	N, w. G., EZ, 1. Fall
mit	Präp.
großer	Adj., Positiv, beif.
Freude	N, w. G., EZ, 3. Fall
den	best. A, m. G., EZ, 4. Fall
Freund	N, m. G., EZ, 4. Fall
ihres	besitzanz. Fürw., 3. P., w. G., EZ, 2. Fall
Sohnes.	N, m. G., EZ, 2. Fall
Um	Präp.
sieben	Num.
Uhr	N, w. G., EZ, 4. Fall
läutete	V, 3. P., EZ, Prät., aktiv, Ind.
jemand	unbest. Fürw., 3. P., EZ, 1. Fall
an	Präp.
der	best. A, w. G., EZ, 3. Fall
Tür	N, w. G., EZ, 3. Fall
der	best. A, w. G., EZ, 2. Fall
Wohnung.	N, w. G., EZ, 2. Fall

Übung 110

Aus		Präp.
Freude	BE	N, w. G., EZ, 3. Fall
machte	P	V, 3. P., EZ, Prät., aktiv, Ind.
sie	S	pers. Fürw., 3. P., w. G., EZ, 1. Fall
einen		unbest. A, m. G., EZ, 4. Fall
mächtigen	O4	Adj., Positiv, beif.
Luftsprung.		N, m. G., EZ, 4. Fall
Die		best. A, w. G., EZ, 1. Fall
Überraschung	S	N, w. G., EZ, 1. Fall
gelang	P	V, 3. P., EZ, Prät., aktiv, Ind.
ihr	O3	pers. Fürw., 3. P., w. G., EZ, 3. Fall
bestens.	AE	Adj, Superlativ, umstandsw.
Meine		besitzanz. Fürw., 1. P., EZ, 1. Fall
Mutter	S	N, w. G., EZ, 1. Fall
nahm		V, 3. P., EZ, Prät., aktiv, Ind.
sich	P	rückbezügl. Fürw.
sofort	ZE	Adv.
des		best. A., m. G., EZ, 2. Fall
Gastes	O2	N, m. G., EZ, 2. Fall
an.	P	Verbzusatz

Übung 111

Der		best. A, m. G., EZ, 1. Fall
Restmüll	S	N, m. G., EZ, 1. Fall
wird	P	Hilfsw., 3. P., EZ, Präs., passiv, Ind.
jeden		unbest. Fürw., 3. P., m. G., EZ, 3. Fall
ersten		Num.
Montag	ZE	N (Eigenname), m. G., EZ, 3. Fall
im		Präp. + unbest. A
Monat		N, m./s. G., EZ, 3. Fall
abgeholt.	P	V, Partizip II
Für		Präp.
das		best. A, s. G., EZ, 4. Fall
Recycling	BE	N, s. G., EZ, 4. Fall
sammeln	P	V, 1. P., MZ, Präs., aktiv, Ind.
wir	S	pers. Fürw., 1. P., MZ, 1. Fall
die		best. A., m. G., MZ, 4. Fall
kostbaren		Adj., Positiv, beif.
Stoffe	O4	N, m. G., MZ, 4. Fall
getrennt.	AE	V, Partizip II

4. Auflage 2011

ISBN 978-3-7058-6843-4